全国船舶工业职业教育教学指导委员会推荐教材

U0659286

船舶振动与噪声检测技术

主　编　刘　强
主　审　黄广茂

哈尔滨工程大学出版社
Harbin Engineering University Press

内 容 简 介

本书结合中国船级社(CCS)《船上振动控制指南》《船舶及产品噪声检测指南》《钢质海船入级规范》等系统地介绍了船舶振动与噪声检测技术相关知识。分章节讲述了振动检测技术基础、噪声检测技术基础、船舶振动测量技术、船舶噪声测量技术;并结合相应的振动与噪声实验仪器设计了振动与噪声常用特征参数的测量实验,帮助学生加深对基础概念的掌握,学会振动与噪声常用传感器、仪器、数据采集与分析系统的操作方法,了解船舶振动与噪声检测规范要求及操作方法。通过本书的学习,学生能够掌握船舶振动与噪声检测操作技术,为将来从事船舶与海洋工程产品的振动与噪声检测相关工作奠定坚实基础。

本书可作为高职院校、技工学校的船舶与海洋工程类专业的培训教材,也可作为从事船舶振动检测、船舶设计人员的参考书。

图书在版编目(CIP)数据

船舶振动与噪声检测技术/刘强主编. —哈尔滨：
哈尔滨工程大学出版社,2021.10
ISBN 978 - 7 - 5661 - 3310 - 6

Ⅰ.①船… Ⅱ.①刘… Ⅲ.①船舶振动②船舶噪声 -
噪声测量 Ⅳ.①U661.44

中国版本图书馆 CIP 数据核字(2021)第 211932 号

船舶振动与噪声检测技术
CHUANBO ZHENDONG YU ZAOSHENG JIANCE JISHU

选题策划　史大伟　薛　力
责任编辑　卢尚坤　刘海霞
封面设计　博鑫设计

出版发行　哈尔滨工程大学出版社
社　　址　哈尔滨市南岗区南通大街 145 号
邮政编码　150001
发行电话　0451 - 82519328
传　　真　0451 - 82519699
经　　销　新华书店
印　　刷　哈尔滨午阳印刷有限公司
开　　本　787 mm×1 092 mm　1/16
印　　张　9.5
字　　数　220 千字
版　　次　2021 年 10 月第 1 版
印　　次　2021 年 10 月第 1 次印刷
定　　价　28.00 元
http://www.hrbeupress.com
E-mail:heupress@ hrbeu.edu.cn

前　言

本书从船舶振动与噪声检测工程实际出发,结合高等职业技术院校船舶相关专业,对振动与噪声的基本知识进行了简要介绍,对船舶振动与噪声检测的操作要点等做了系统介绍;并对船舶振动与噪声特征参数测量技能的要求、振动与噪声常用仪器设备、船舶振动与噪声测量相关规范进行了讲解。在此基础上,本书对丹麦 B&K、江苏东华的振动与噪声检测分析系统进行了重点介绍。读者通过学习本书内容,能够了解振动与噪声基础知识,掌握船舶振动与噪声检测技术,熟悉相关规范及常用的振动与噪声数据处理软件,加深对振动与噪声测量技能的掌握,为从事船舶振动与噪声检测业务工作打下坚实基础。

本书以职业岗位的需求为出发点,始终围绕职业教育的特点,具有较强的针对性;在内容的编写上以"必需和够用"为原则,深度、广度适中,体现了理论和实践的结合,强化了技能训练的力度。

本书由江苏航运职业技术学院刘强主编。其中第一章由李志祥编写,第二章由周海波编写,第三章由刘强编写,第四章由李艳编写,第五章由吴灿编写,全书由刘强统稿。

本书在编写过程中,得到江苏新世纪造船股份有限公司、南通中远川崎船舶工程有限公司的大力支持和指导,招商邮轮有限公司李仁锋提供了帮助,在此我们表示衷心感谢。本书由江苏航运职业技术学院黄广茂教授主审。

受水平及资料所限,错误和不足之处望读者批评指正。

编　者

2021 年 8 月

目　　录

第一章 绪 论

随着船舶现代化、智能化、绿色环保化的发展,人们对船舶在航行过程中的自身状态、对人类健康的影响、对周围生态环境的危害等方面愈加关注。随着中国船级社(CCS)《绿色生态船舶规范》(2020)、《智能船舶规范》(2020)、《钢质海船入级规范》等规范中对振动与噪声控制衡准的不断完善,船舶在航行过程中的振动与噪声控制技术也越来越受到重视。现代船舶不仅对船舶本身的振动与噪声影响要进行控制,而且还需要控制水下环境的噪声影响。

船舶振动与噪声控制技术主要分为振动与噪声分析预报技术、振动与噪声检测技术两种。

振动与噪声分析预报技术是在船舶建造的设计阶段利用有限元计算等方法通过建立船体、设备模型,选取适当的材料与边界约束条件,添加恰当的激励源,对船舶振动特性进行计算预报。该技术有助于前期优化结构设计,对设备造型进行控制。目前,很多优秀的有限元辅助分析软件(如 MSC Nastran、Ansys、HyperWorks、Abqus、VA one)已在振动与噪声分析预报中得到广泛应用。

振动与噪声检测技术主要是通过检测获得船舶和机械的实际振动与噪声的信号信息,以对预报结果进行验证或者验证船舶的振动与噪声特性是否超过了规范要求限值,以便对隔振或隔声设备采取适当措施进行改进,从而满足技术要求。该测量技术在技能要求方面主要体现在对振动与噪声特性参数测量仪器的使用、测量条件的控制、测量点的选取、测量数据的处理等方面。

船舶振动与噪声检测技术是船舶振动与噪声控制过程中的一个重要手段,广泛应用于船舶建造、船舶设备安装、船舶航行检测等环节。

船舶振动与噪声检测技术有助于人们及时了解船体及设备的自身状态;有助于评价船舶机械对人类及周围环境造成的不良影响;有助于人们对船舶结构与设备的进一步改进。

学习振动与噪声基础知识能够为全面掌握船舶振动与噪声检测技术打下坚实理论基础,能够帮助学生理解振动与噪声的评价参数及指标。

振动与噪声检测技术是实操性较强的技能,对传感器基础知识的了解有助于整体振动与噪声检测系统的搭建,有助于理解传感器的工作原理、信号在传输过程中的干扰因素及在前置信号处理中各种电路的作用。

船舶现有振动与噪声检测规范是正确运用振动与噪声检测设备对船舶与海工相关产品进行检测的依据与要求,具有规范振动与噪声检测技术的作用。作为船舶振动与噪声检测技术人员,必须对振动与噪声检测相关规范有一定的了解,掌握船舶振动与噪声检测对人员、设备、环境的要求,才能为船舶相关企业提供合格的技术服务与正确的振动与噪声检测评价结果。

计算机专业软件的发展极大地促进了振动与噪声检测技术的发展,目前常用的振动与噪声检测系统软件大都集成了振动与噪声信号的检测、数值处理及分析模块。学习和掌握常用振动与噪声检测分析软件是从事该专业检测的人员必须掌握的技能,有助于高效、准确地对检测数据进行处理分析,形成正确检测结果。

本书主要内容有:振动检测技术基础、噪声检测技术基础、船舶振动测量技术、船舶噪声测量技术等。

振动检测技术基础首先介绍振动的产生原因、振动测量位移(速度、加速度、振动)传感器及测振仪等基础知识,结合简谐振动的简化模型对振动的基本参数进行介绍,同时对弹性体振动基础知识也进行了阐述,然后通过振动测试与控制实验、旋转机械振动测试两节内容对振动测试的基本检测方法与操作技能进行了介绍。

噪声检测技术基础首先讲述了噪声的危害、声波及噪声的常用特性参数、噪声的分类、噪声的频谱、噪声的评价参数等基础知识;然后对声级计、声校准器、水听器、实时噪声源识别(NSI)系统等相关设备进行了介绍;最后对噪声检测基础实验(主要包括声音特性检测、混响时间检测、环境噪声检测、隔声指数检测等)的操作方法及要求进行讲述。

船舶振动测量技术首先对船舶结构振动进行分类,明确船舶结构振动测量的对象;然后就关于船舶评价标准及结构振动测量衡准进行介绍;阐述了船舶机械设备振动测量对象及其振动衡准,以及设备隔振装置振动测量技术。另外,本章的船舶振动舒适性附加标志主要讲述了船舶居住性衡准、船舶振动附加标志内容及申请程序。

船舶噪声测量技术对船舶室内处所噪声检测方法及噪声衡准进行了介绍,对噪声隔声指数检测方法进行了陈述。此外,船舶水下噪声测量技术主要结合中国船级社(CCS)《船舶水下噪声检测指南》对水下噪声测量的设备要求、环境要求、测量方法及评价衡准进行了介绍。典型声振测量系统结合 B&K 公司的声振测量系统简要介绍了对声振测量数据的处理。

第二章　振动检测技术基础

本章首先介绍了简谐振动及振动性能参数等基础知识;然后,对弹性体振动也进行了一定讲述;最后,结合振动测试与控制实验、旋转机械振动检测实验,介绍了如何进行振动性能参数的检测(如振幅等特征参数检测,模态检测,隔振检测,轴的径向振动、扭转振动、轴功率检测)。通过本章的学习,学生能够掌握振动基础知识,了解位移、速度、加速度的测量方法,重点掌握振动传感器的使用,通过实验,掌握结构振动与旋转机械振动的特性参数检测方法、模态检测分析方法。

第一节　振动基础知识

振动现象在现实生活中普遍存在,如设备运行时的振动、建筑结构在不同荷载作用下产生的振动、车辆行驶时的振动、船舶在航行过程中的左右摇摆和前后纵摇等。

振动根据不同的衡量要求有不同的分类:

(1)按自由度个数分:单自由度振动、多自由度振动。

(2)按受力情况分:自由振动、强迫振动。

(3)按作用对象结构类型分:梁振动、板振动、复杂结构(设备)振动。

(4)按有无阻尼分:无阻尼振动、有阻尼振动。

(5)按信号规律分:简谐振动、周期振动、合成振动、衰减振动、合成衰减振动、冲击振动、正弦扫描振动、窄带随机振动、宽带随机振动。

一、振动系统的简化模型

实际上振动系统是十分复杂的,完全按其实际结构进行振动分析,既不可能也不必要。为此,应首先建立能代表实际系统的简化的力学模型。这个模型应保持原系统的基本振动特性,但又不过于复杂。简化的程度取决于原系统的复杂程度、要求分析的精度以及拥有的计算手段。

对于同一实际系统,可以根据不同需要简化为几种不同的模型。大多数情况下,都可近似离散为多自由度系统,甚至可以简化为单自由度系统。

在振动分析中,单自由度系统的振动特性具有基础性质,由它可以建立许多振动基本概念。

振动模态的主要参数有固有频率(模态频率)、阻尼比、振型。

分布系统虽然理论上有无穷多个固有频率,但具有实际意义的只有几个低阶固有频率及其相应的振型。

1. 单自由度系统自由振动

自由度是指完全确定系统集合未知所需的独立坐标的数目。自由度取决于系统本身的结构特性和所研究问题的性质,也和要求的精度和振动的实际情况有关。

在垂直方向上下振动的质点振动系统可视为单自由度系统。如图 2-1 所示,以平衡位置为坐标原点,建立坐标系。

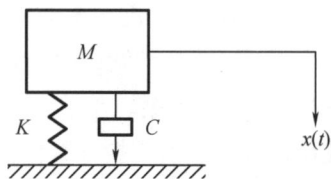

图 2-1 单自由度有阻尼自由振动系统

单自由度有阻尼自由振动系统运动方程式为

$$M\ddot{x} + C\dot{x} + Kx = 0 \tag{2-1}$$

式中 M——质量, kg;

  C——黏性阻尼系数,N·s/m;

  K——刚度,N/m;

  x、$\dot{x}$、$\ddot{x}$——质量为 M 的物体离开静平衡位置的位移(m)、速度(m/s)、加速度(m/s²)。

如忽略系统阻尼,则振动位移 $x(t)$ 随时间的变化可用下式描述:

$$x(t) = A\sin(\omega_n t + \phi_0) \tag{2-2}$$

式中 A——位移振幅,由初始条件决定;

  ω_n——系统无阻尼固有圆频率;

  ϕ_0——无阻尼自由振动初相角,$\phi_0 = \arctan\dfrac{\omega_n x(0)}{\dot{x}(0)}$($x(0)$ 为 $t = 0$ 时的初始位移,$\dot{x}(0)$ 为 $t = 0$ 时的初始速度)。

$$\omega_n = \sqrt{\frac{K}{M}} \tag{2-3}$$

这是一个简谐振动,圆频率 ω_n 仅取决于系统的质量、刚度,而与初始条件无关。如考虑阻尼,将式(2-1)改写为

$$\ddot{x} + 2\xi\omega_n\dot{x} + \omega_n^2 x = 0 \tag{2-4}$$

式中 ξ——阻尼比,按下式计算:

$$\xi = \frac{C}{2M\omega_n} = \frac{C}{2\sqrt{MK}} \tag{2-5}$$

在大多数工程实际问题中,阻尼比 ξ 均远小于 1,此时,振动位移随时间的变化可用下式描述:

$$x(t) = A_1 e^{-\xi\omega_n t}\sin(\omega_d t + \phi_1) \tag{2-6}$$

式中　A_1——振幅,按下式计算:

$$A_1 = \sqrt{[x(0)]^2 + \frac{1}{\omega_d^2}[\dot{x}(0) + \xi\omega_n x(0)]^2} \qquad (2-7)$$

ω_d——系统有阻尼固有圆频率,按下式计算:

$$\omega_d = \omega_n \sqrt{1 - \xi^2} \qquad (2-8)$$

ϕ_1——有阻尼自由振动初相角,按下式计算:

$$\phi_1 = \arctan\left[\frac{\omega_d x(0)}{\dot{x}(0) + \xi\omega_n x(0)}\right] \qquad (2-9)$$

这是一个振动幅值随时间按指数规律衰减的振动,其时间历程如图 2-2 所示,振动圆频率 ω_d 小于 ω_n,但在实际问题中,一般可不考虑它们之间的微小差别。

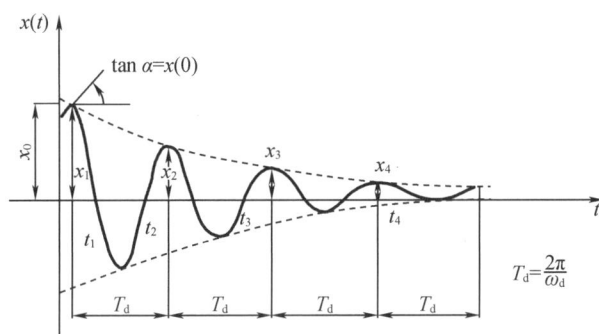

图 2-2　有阻尼自由振动时间历程

2. 简谐激励下的振动响应

简谐激励下的有阻尼单自由度系统如图 2-3 所示。

单自由度系统在简谐激励下的运动方程为

$$M\ddot{x} + C\dot{x} + Kx = F_0 e^{j\omega t} \qquad (2-10)$$

式中　F_0——激励的幅值;

ω——激励的圆频率;

其余符号意义与式(2-1)相同。

其稳态振动响应为

$$x(t) = A_2 e^{j(\omega t - \phi_2)} \qquad (2-11)$$

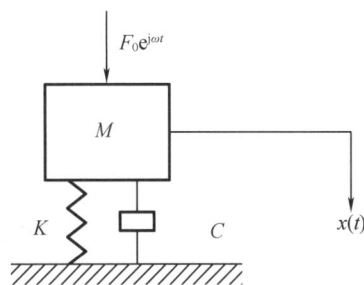

图 2-3　简谐激励下的有阻尼单自由度系统

式中　A_2——振幅,按下式计算:

$$A_2 = \frac{A_{st}}{\sqrt{\left(1 - \frac{\omega^2}{\omega_n^2}\right)^2 + \left(2\xi\frac{\omega}{\omega_n}\right)^2}} \qquad (2-12)$$

其中,$A_{st} = \dfrac{F_0}{K}$,为静位移;

ϕ_2——强迫振动初相角,按下式计算:

$$\phi_2 = \arctan\left[\frac{2\xi\left(\dfrac{\omega}{\omega_n}\right)}{1 - \left(\dfrac{\omega}{\omega_n}\right)^2}\right] \qquad (2-13)$$

ϕ_2 随频率比 ω/ω_n 变化的曲线称为相频特性曲线,如图 2-4 所示。

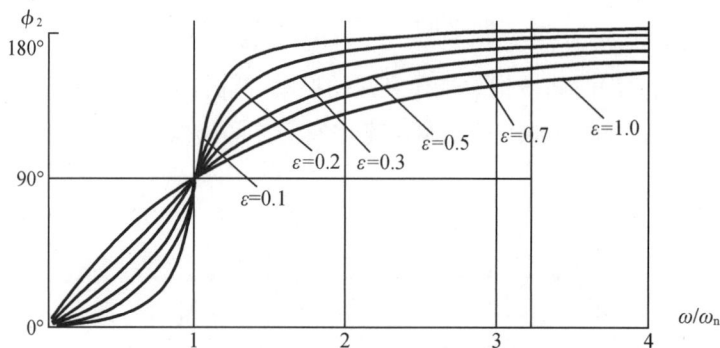

图 2-4　相频特性曲线

系统的振动响应也常用动态放大系数 T_m 表示:

$$T_m = \frac{A_2}{A_{st}} = \frac{1}{\sqrt{\left(1 - \dfrac{\omega^2}{\omega_n^2}\right)^2 + \left(2\xi\dfrac{\omega}{\omega_n}\right)^2}} \qquad (2-14)$$

它随频率比 ω/ω_n 的变化曲线称为幅频特性曲线,如图 2-5 所示。

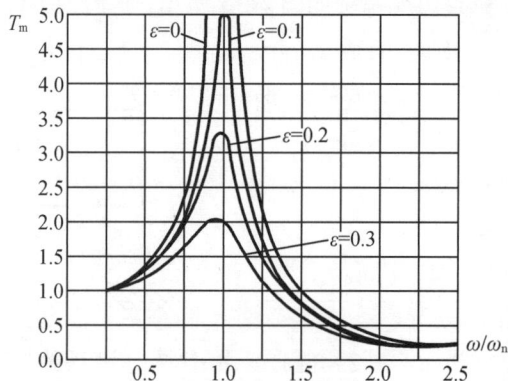

图 2-5　幅频特性曲线

当 $\omega/\omega_n = 1$ 时,式(2-14)可写成

$$T_m = \frac{1}{2\xi} = Q \qquad (2-15)$$

式中　Q——品质因子,可用于描述系统阻尼特性。

3.振动参数及相互关系

振动参数间关系如下：

$$位移 \quad x = A\sin \omega_n t \tag{2-16}$$

$$速度 \quad v = \omega_n A\sin\left(\omega_n t + \frac{\pi}{2}\right) \tag{2-17}$$

$$加速度 \quad a = \omega_n^2 A\sin(\omega_n t + \pi) \tag{2-18}$$

式中　A——振幅,mm;

　　　ω_n——振动频率,rad/s;

　　　t——时间,s。

振动正弦曲线如图 2-6 所示,其特征参数主要有峰-峰值、振幅(峰值)、均方根(RMS)。

峰-峰值 $=2A$;

峰值或振幅 $=\frac{1}{2}$(峰-峰值) $=\pm A$;

均方根 $=\frac{1}{\sqrt{2}}A$。

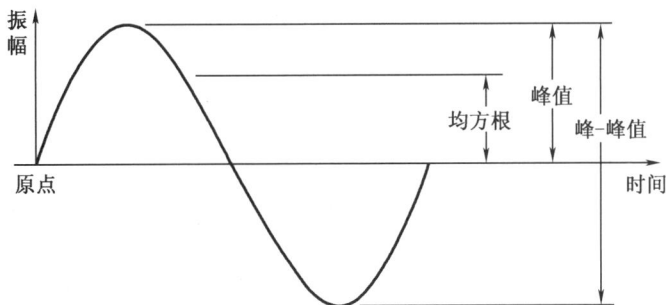

图 2-6　振动正弦曲线

二、弹性体振动基础知识

在工程分析中,物体均有一定尺寸,其质量、刚度和阻尼在空间连续分布,并且其几何尺寸可能大于振动在物体中传播的波长。此时质点假设不适用。实际振动系统因其具有连续分布的质量与弹性而被称为弹性体系统,并同时符合理想弹性体的基本假设,即均匀、各向同性、服从胡克(Hooke)定律。确定弹性体上无数质点的位置需要无限多个坐标,它的振动规律要用时间和空间坐标的函数来描述,其运动方程是偏微分方程,但是在物理本质上及振动的基本概念、分析方法上与有限多个自由度是相似的。

弹性体按其构型可分为如下三种:

①一维构型。它的截面尺寸比长度小得多,包括两类:一类是弦、杆、轴;另一类是各种梁。

②二维构型。它的厚度比其他尺寸小得多,有膜、平面应力板、弯曲板与壳等。

③三维构型。它的三向尺寸相当,是各类实体结构。

1. 弦结构的弹性振动

理想的弦振动如图 2-7 所示,静止状态下弦处于平衡位置,假定某时刻有一瞬时的外力干扰作用于弦,于是弦的各部分就在张力作用下开始垂直于弦长方向振动,而振动的传播方向是沿着弦长方向,因此弦的这种振动方式属于横振动。

设弦的振动发生在 xOy 平面内,弦的运动可表示为 $y = y(x,t)$,并假设弦的振动幅度是微小的,即 y 与 $\frac{\partial y}{\partial x}$ 均为小量。在这些假设下,弦的张力 T 可近似地看作常量。再设重力与阻尼的影响均可略去不计。在自由振动中,弦的微元 dx 的受力如图 2-8 所示。

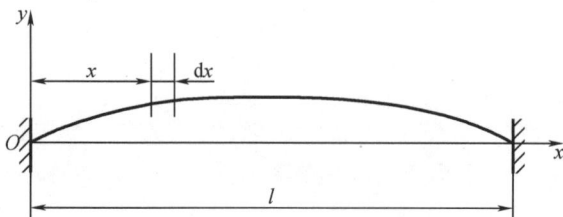

图 2-7　理想的弦振动示意图　　　图 2-8　弦的微元 dx 的受力图

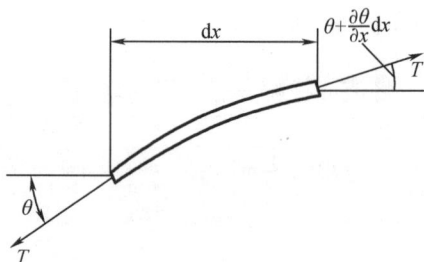

在弦上取一个长度为 dx、横截面积为 S 的微元段,此微元段的质量为 $dm = \rho S dx$。微元段两端张力在纵轴方向的合力为

$$dF_x = T_0 \sin\left(\theta + \frac{\partial \theta}{\partial x} dx\right) - T_0 \sin\theta$$

根据牛顿运动定律可得

$$\rho S dx \frac{\partial^2 \xi}{\partial t^2} = T_0 \sin\left(\theta + \frac{\partial \theta}{\partial x} dx\right) - T_0 \sin\theta \tag{2-19}$$

简化得

$$\rho S dx \frac{\partial^2 \xi(x,t)}{\partial t^2} = T_0 \frac{\partial^2 \xi(x,t)}{\partial x^2} dx \tag{2-20}$$

令 $c = \sqrt{\dfrac{T_0}{\rho S}}$,有

$$\frac{\partial^2 \xi(x,t)}{\partial t^2} = c^2 \frac{\partial^2 \xi(x,t)}{\partial x^2}$$

微振动时 $\sin\theta \approx \tan\theta \approx \theta$,而 $\tan\theta = \dfrac{\partial \xi}{\partial x}$,则

$$\sin\left(\theta + \frac{\partial \theta}{\partial x} dx\right) = \sin\theta\cos\frac{\partial \theta}{\partial x} dx + \cos\theta\sin\frac{\partial \theta}{\partial x} dx \approx \sin\theta + \frac{\partial \theta}{\partial x} dx \tag{2-21}$$

假设式(2-21)解的形式为 $\xi(x,t) = T(t)X(x)$,将其代入振动方程得

$$\frac{c^2}{X}\frac{\partial^2 X}{\partial x^2} = \frac{1}{T} \tag{2-22}$$

式(2-22)的左边只与 x 有关,而右边只与 T 有关。令等式两边均等于同一常数 ω^2,代入式(2-22)就得到两个独立的方程:

$$\frac{\mathrm{d}^2 X(x)}{\mathrm{d}x^2} + \frac{\omega^2}{c^2}X(x) = 0, \frac{\mathrm{d}^2 T(t)}{\mathrm{d}t^2} + \frac{\omega^2}{c^2}T(t) = 0$$

解齐次二阶常微分方程可知:

$$X(x) = a\cos\frac{\omega x}{c} + b\sin\frac{\omega x}{c}, T(t) = d\cos(\omega t - \phi)$$

引入新的参量波数 $k = \dfrac{\omega}{c}$,则 $X(x) = a\cos kx + b\sin kx$。

解的一般形式为

$$\xi(x,t) = (A\cos kx + B\sin kx)\cos(\omega t - \phi) \tag{2-23}$$

对于两端固定的弦,边界条件为 $\xi_{x=0} = \xi_{x=l} = 0$,则 $A = 0$,$B\sin kl = 0$,由 B 不可能为 0 可得到频率方程 $\sin kl = 0$。由此方程可得到一系列 k 的值及频率的解,进一步可得到弦振动振型表达式为

$$X_n(x) = B_n\sin k_n x$$
$$k_n l = n\pi$$

其中,$k_n = \dfrac{\omega_n}{c}$ 表示第 n 阶主振型对应的波数;B_n 由初始条件确定。

$n = 1$,弦做基频振动;弦两端振幅为零,称为波节;在 $x = \dfrac{l}{2}$ 处振幅最大,称为波腹。

由于弦的每一阶振型对应的波节和波腹的位置是固定的,弦的前几阶振动方式如图 2-9 所示,因此将这种振动方式称为驻波方式。弦的自由振动为无限多阶固有振型的叠加,弦的总位移为

$$\xi(x,t) = \sum_{n=0}^{\infty} B_n\sin(k_n x)\cos(\omega_n t - \phi_n) \tag{2-24}$$

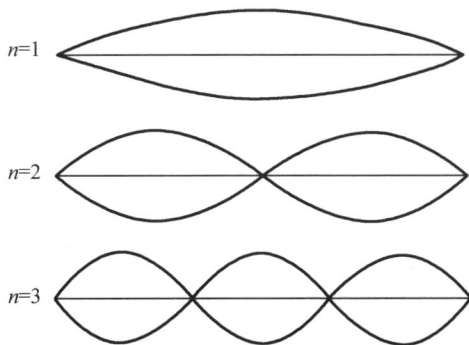

图 2-9　弦的前几阶振动方式

2. 梁结构的弹性振动

弹性梁依靠自身的劲度产生弹性恢复力。梁中可能产生三种类型的振动:纵向振动、弯曲振动和扭转振动,如图 2 – 10 所示。

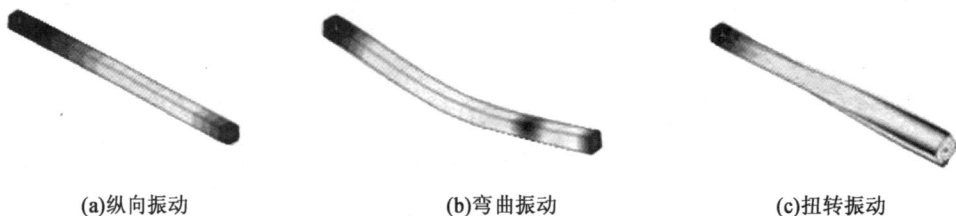

(a)纵向振动　　　　　　(b)弯曲振动　　　　　　(c)扭转振动

图 2 – 10　梁的三种类型振动

(1)梁的纵向振动

梁的横截面积为 S,体密度为 ρ,长度为 l,材料弹性模量为 E。在其一端施加一个简谐力,在这个力的作用下,梁上各点将发生纵向振动,假设振动位移为 $\xi(x,t)$,有

$$\xi(x,t) - \xi(x+\mathrm{d}x,t) = -\frac{\partial \xi(x,t)}{\partial x}\mathrm{d}x \tag{2-25}$$

相对变形量(应变):$-\dfrac{\partial \xi(x,t)}{\partial x}$;

根据胡克定律,得到:$F_x = ES\dfrac{\partial \xi(x,t)}{\partial x}$;

微元段所受合力:$\mathrm{d}F_x = F_{x+\mathrm{d}x} - F_x = \dfrac{\partial F_x}{\partial x}\mathrm{d}x$;

加速度:$\dfrac{\partial^2 \xi(x,t)}{\partial t^2}$;

根据牛顿运动定律,得到:$ES\dfrac{\partial^2 \xi(x,t)}{\partial x^2}\mathrm{d}x = \rho S\mathrm{d}x\dfrac{\partial^2 \xi(x,t)}{\partial t^2}$,则

$$E\frac{\partial^2 \xi(x,t)}{\partial x^2} = \rho\frac{\partial^2 \xi(x,t)}{\partial t^2} \Rightarrow \frac{\partial^2 \xi(x,t)}{\partial x^2} = \frac{1}{c^2}\frac{\partial^2 \xi(x,t)}{\partial t^2}$$

梁的纵向振动方程通过分离变量法求解,解的一般形式为

$$\xi(x,t) = (A\cos kx + B\sin kx)\cos(\omega t - \phi) \tag{2-26}$$

$c = \sqrt{\dfrac{E}{\rho}}$,表示梁的纵向振动传播速度,只与材料有关而与其他参数无关,是材料的固有特征;$k = \dfrac{\omega}{c}$,表示波数。

两端固定弹性梁如图 2 – 11 所示,其边界条件是两端位移为零,即

$$\xi(0,t) = \xi(l,t) = 0 \tag{2-27}$$

代入式(2 – 26)可以得到 $A = 0$ 和 $\sin kl = 0$。

梁纵向振动固有频率为 $f_n = \dfrac{nc}{2l}$。

两端自由弹性梁如图 2 - 12 所示,其边界条件是应变为零,即

$$\frac{\partial \xi}{\partial x}\bigg|_{x=0} = \frac{\partial \xi}{\partial x}\bigg|_{x=l} = 0$$

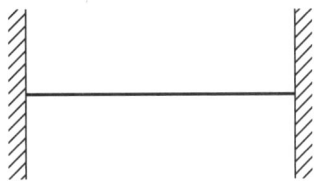

图 2 - 11　两端固定弹性梁　　　图 2 - 12　两端自由弹性梁

固有频率为 $f_n = \dfrac{nc}{2l}$。

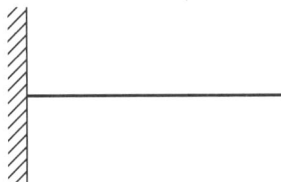

图 2 - 13　悬臂梁结构

悬臂梁结构如图 2 - 13 所示,其边界条件为

$$\begin{cases} \xi\big|_{x=0} = 0 \\ \dfrac{\partial \xi}{\partial x}\bigg|_{x=l} = 0 \end{cases}$$

固有频率为 $f_n = \dfrac{2n-1}{4} \cdot \dfrac{c}{l}$。

(2)梁的弯曲振动

假设梁受到一个垂直于梁轴向的简谐力作用,梁发生弯曲形变,由于梁自身劲度的作用,这种弯曲变形要恢复平衡状态,由此引起垂直于梁轴方向的振动。由于弯曲振动中波的传播方向垂直于振动方向,因此弯曲振动属于横振动。

在梁的柱平面上取坐标 xOz,原点位于梁的左端截面的形心,x 轴与梁平衡时的轴线重合。假设梁在振动过程中,轴线上任一点的位移 $\xi(x,t)$ 均沿 z 轴方向。

设梁的长度为 l,弯曲刚度为 EI,体密度为 ρ,f 表示作用在单位长度梁上的横向干扰力。EI、ρ、f 均是 x 的函数。弹性梁的弯曲振动如图 2 - 14 所示。

取微段梁 dx 如图 2 - 15 所示,截面上的弯矩与剪力为 M 和 Q,其正负号的规定和材料力学一样,则微段梁 dx 沿 z 方向的运动方程为

$$Q - \left(Q + \frac{\partial Q}{\partial x}dx \right) + f dx = \rho A dx \frac{\partial^2 \xi}{\partial t^2} \tag{2-28}$$

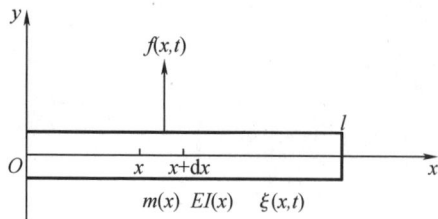

图 2 – 14 弹性梁的弯曲振动

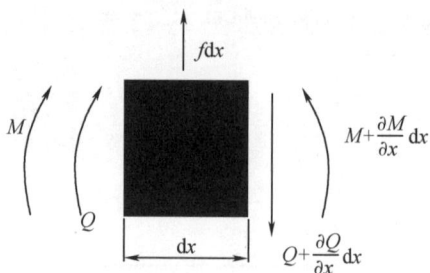

图 2 – 15 微段梁示意图

即

$$\frac{\partial Q}{\partial t} = -\rho A \frac{\partial^2 \xi}{\partial t^2} + f$$

$$\frac{\partial^2}{\partial x^2}\left(EI \frac{\partial^2 \xi}{\partial t^2} \right) = -\rho A \frac{\partial^2 \xi}{\partial t^2} + f$$

令振动方程中的干扰力为 0,得到

$$\frac{\partial^2}{\partial x^2}\left(EI \frac{\partial^2 \xi}{\partial t^2} \right) = -\rho A \frac{\partial^2 \xi}{\partial t^2} \qquad (2-29)$$

对于均匀梁,振动方程为

$$a^2 \frac{\partial^4 \xi}{\partial x^4} + \frac{\partial^2 \xi}{\partial t^2} = 0$$

其中,$a = \sqrt{\dfrac{EI}{\rho A}}$。

假定有分离变量形式的解存在,令

$$\xi(x,t) = \phi(x)q(t)$$

将 $\xi(x,t) = \phi(x)q(t)$ 代入式(2 – 29)得到

$$a^2 \frac{\partial^2}{\partial x^2}\left[q(t)\frac{\mathrm{d}^2 \phi(x)}{\mathrm{d}x^2} \right] = -\phi(x)\frac{\mathrm{d}^2 q(t)}{\mathrm{d}t^2} \qquad (2-30)$$

将式(2 – 30)改写为

$$a^2 \frac{\dfrac{\mathrm{d}^2}{\mathrm{d}x^2}\left[\dfrac{\mathrm{d}^2 \phi(x)}{\mathrm{d}x^2} \right]}{\phi(x)} = \frac{\dfrac{\mathrm{d}^2 q(t)}{\mathrm{d}t^2}}{q(t)} = -\omega^2$$

则有

$$\frac{\mathrm{d}^2 q(t)}{\mathrm{d}t^2} + \omega^2 q(t) = 0 \qquad (2-31)$$

$\dfrac{\partial^4 \phi(x)}{\partial x^4} = \beta^4 \phi(x)$(特征方程),$\beta^4 = \dfrac{\omega^2}{a^2}$。

方程的通解为

$$\phi(x) = C_1 \sin \beta x + C_2 \cos \beta x + C_3 \mathrm{ch}\,\beta x \qquad (2-32)$$

$$q(t) = C_5 \sin \omega t + C_6 \cos \omega t \qquad (2-33)$$

①固定端梁(图 2 – 16(a)):挠度和转角为 0

$$\xi(x,t)\big|_{x=0,l}=0, \frac{\partial \xi(x,t)}{\partial x}\bigg|_{x=0,l}=0$$

②简支端梁(图 2 – 16(b)):挠度和弯矩为 0

$$\xi(x,t)\big|_{x=0,l}=0, EI\frac{\partial \xi(x,t)}{\partial x}\bigg|_{x=0,l}=0$$

③自由端梁(图 2 – 16(c)):弯矩和剪力为 0

$$EI\frac{\partial^2 \xi(x,t)}{\partial x^2}\bigg|_{x=0,l}=0, \frac{\partial}{\partial x}EI\frac{\partial^2 \xi(x,t)}{\partial x^2}\bigg|_{x=0,l}=0$$

|(a)固定端梁|(b)简支端梁|(c)自由端梁|

图 2 – 16 弹性梁端部的三种边界条件

其他边界条件用类似的方法给出。由特征方程,利用边界条件即可求出振型函数和频率方程,进一步确定系统的固有频率 ω_i。

【例】 求两端简支梁弯曲振动的固有频率与固有振型。

解 边界条件为挠度和弯矩为 0,即

$$\phi(0)=0, \frac{\mathrm{d}^2\phi}{\mathrm{d}t^2}\bigg|_{x=l}=0 \quad \phi(l)=0, \frac{\mathrm{d}^2\phi}{\mathrm{d}t^2}\bigg|_{x=l}=0$$

代入特征方程的解:

$$\phi(x)=C_1\sin\beta x+C_2\cos\beta x+C_3\mathrm{ch}\,\beta x+C_4\mathrm{ch}\,\beta x$$

$$\phi''(x)=-C_1\beta^2\sin\beta x-C_2\beta^2\cos\beta x+C_3\beta^2\mathrm{ch}\,\beta x+C_4\beta^2\mathrm{ch}\,\beta x$$

可得 $C_2+C_4=0, \beta^2(-C_2+C_4)=0$,则有 $C_2=C_4=0$。

同理可得

$$C_1\sin\beta l+C_3\mathrm{ch}\,\beta l=0$$

$$-C_1\beta^2\sin\beta l+C_3\beta^2\mathrm{ch}\,\beta l=0$$

则有 $C_3=0$。

于是得到频率方程为

$$\sin\beta l=0$$

由此解得

$$\beta_i=\frac{i\pi}{l} \quad (i=1,2,3,\cdots)$$

所以固有频率为

$$\omega_i=\beta_i^2 a=\frac{i^2\pi^2}{l^2}\sqrt{\frac{EI}{\rho A}} \quad (i=1,2,3,\cdots)$$

固有振型为

$$\phi^{(i)}(x) = C\sin\beta_i x = C\sin\frac{i\pi}{l}x$$

3. 板结构的弹性振动

工程中将高度远小于底面尺寸的扁平形的弹性体称为薄板。薄板是工程中的一种常见的结构元件,尤其船舶与海洋工程结构中有大量的薄壁构件或薄板。

板中可能产生三种振动:纵向振动、弯曲振动和剪切振动,如图 2-17 所示。

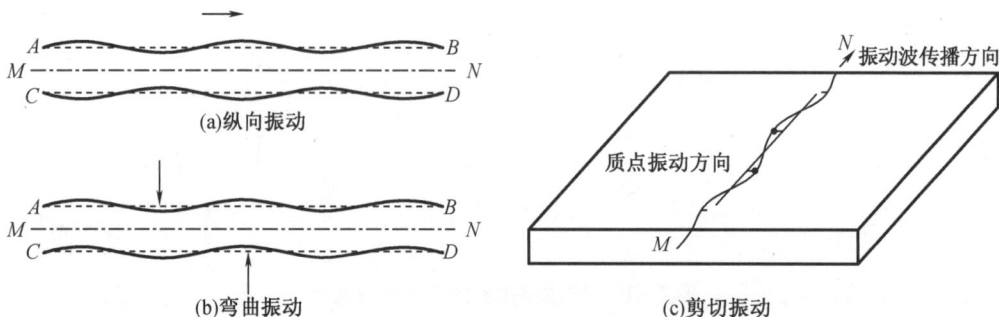

图 2-17 板中可能产生的三种振动

力垂直作用在板平面上,且沿着一条直线均匀分布,在板内产生纵向振动,振动速度为

$$c_{L,P} = \frac{E}{\rho(1-a^2)} \tag{2-34}$$

力沿直线作用于板平面时,板内产生剪切振动,表征参数为横截面的位移。剪切振动的振动速度为

$$c_{S,P} = \sqrt{G/\rho} \tag{2-35}$$

4. 圆柱壳体中的弹性振动

圆柱壳体的振动与无因次频率 ν 有很大关系:

$$\nu = \omega R_0/c_{L0} \tag{2-36}$$

式中 R_0——壳体的平均半径;

  c_{L0}——厚度与壳体厚度相等的板内纵向振动速度。

$\nu = 1$ 时的频率叫作环频率,在这一频率上,壳体周长可以容纳制造壳体的板内纵向振动的波长。

一般情况下,壳体表面可做纵向、横向和切向位移。

$\nu > 1$ 时,壳体曲度对壳体性态实际上并不产生影响,壳体中可能产生弯曲振动、纵向振动和剪切振动。这些振动的参数相当于厚为 H_0 的板内振动的参数。

$\nu < 1$ 时,壳体只能传播使壳壁横向位移的振动,与板中的弯曲振动类似。壳体圆周上的阶数 $n=2$ 和 $n=3$ 对应的壳体变形如图 2-18 所示。

在物理上可以解释为壳体上的弯曲振动是按螺旋线传播的,且 n 值越大,其测定段内环绕壳体的次数越多。

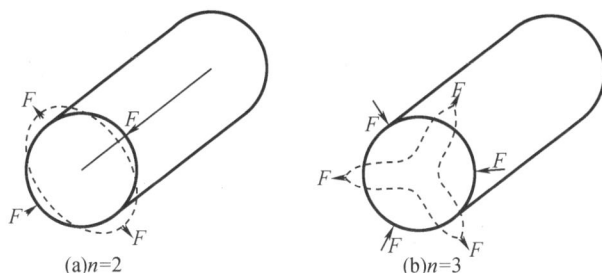

图 2 – 18 壳体圆周上的阶数和对应的壳体变形

第二节 振动参数检测技术基础

物体的振动是相对于物体某一参考状态下的振荡。在振动中有三个物理量:位移 s、速度 v 和加速度 a。三个振动量中,位移在研究机械结构的强度和变形时较为有用,它亦被经常用来描述旋转机件的不平衡;加速度由于它和作用力及负载成比例,常用于研究机械的疲劳、冲击等方面,以评价振动对人体的影响;速度与噪声的大小有直接关系。总之,选择测量参数取决于研究对象。

在实用单位制中,位移 s 的单位是 m,速度 v 的单位是 m/s,加速度 a 的单位是 m/s^2。

一、位移的测量

位移是指物体或其某一部分的位置相对参考点在一定方向上产生的位置变化量。因此位移的度量除要确定其大小外,还要确定其方向。

位移测量主要包括线位移和角位移的测量,其测量方法也常用于测量长度、厚度、高度、距离、镀层厚度、表面粗糙度、角度等。

1.线位移传感器及其测量原理

线位移传感器种类繁多,可根据位移检测范围变化的大小选用。下面介绍几种线位移传感器。

(1)电位器式位移传感器

电位器式位移传感器如图 2 – 19 所示,测量轴与内部电位器电刷相连,当其与被测物相接触,有位移输入时,测量轴便沿导轨移动,同时带动电刷在滑线电阻上移动,因电刷的位置变化会有电阻变化,由电路转换成电压输出,就可以判断位移的大小了。如要求同时测出位移的大小和方向,可将图中的精密电阻和滑线电阻组成桥式测量电路。

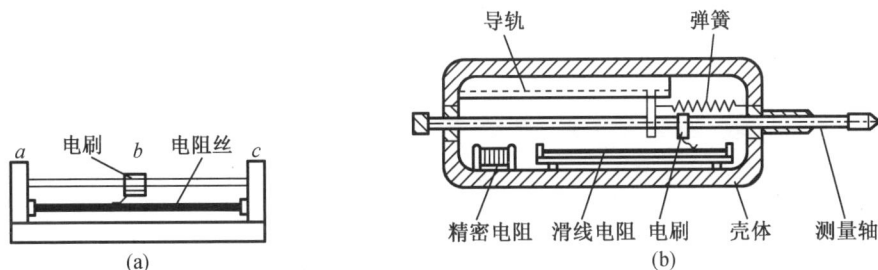

图 2 – 19 电位器式位移传感器

电位器式位移传感器测量原理与电路模型如图 2-20 所示,在电位器 A、C 两端接上激励电压 U_i,则当电刷在输入位移驱动下移动时,B、C 两端就会有电压 U_o 输出。设电位器为线性,长度为 l,总电阻为 R,电刷位移为 x,相应电阻为 R_x,负载电阻为 R_L,根据电路分压原理,电路的输出电压为

$$U_o = U_i \cdot \frac{R_x R_L / (R_x + R_L)}{R - R_x + R_x R_L / (R_x + R_L)} \qquad (2-37)$$

若负载电阻为 $R_L \to \infty$,则有

$$U_o = U_i \cdot \frac{R_x}{R} = U_i \cdot \frac{x}{l} \qquad (2-38)$$

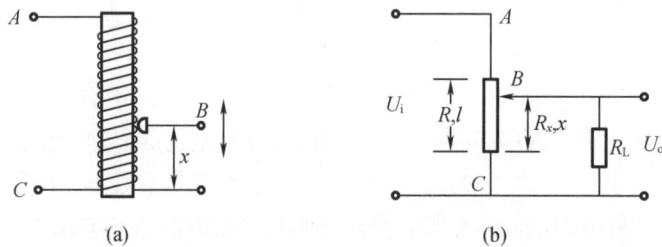

图 2-20 电位器式位移传感器测量原理与电路模型

电位器式位移传感器具有结构简单、价格低廉、性能稳定、对环境条件要求不高、输出信号大、便于维修等优点。但其电刷与电阻元件之间存在摩擦,易磨损,且易产生噪声,分辨力有限,精度不够高,要求输入的能量大,动态响应较差,故仅适于测量变化较缓慢的量。

(2)电感式位移传感器

电感式位移传感器利用电磁感应定律将被测位移转换为电感或互感的变化。按传感器结构的不同,其可分为自感式(电感式)、互感式(差动变压器)和电涡流式。

①自感式位移传感器。

自感式位移传感器结构如图 2-21 所示,可分为变间隙式、变截面积式和螺管式。

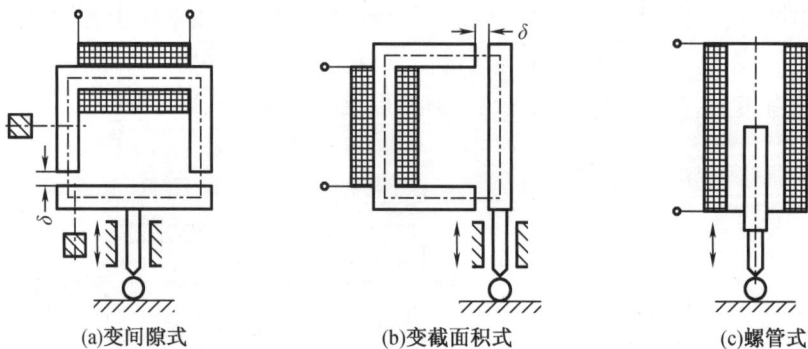

(a)变间隙式　　　　(b)变截面积式　　　　(c)螺管式

图 2-21 自感式位移传感器

经过推算可以知道线圈的自感量 L 有如下关系式：

$$L = \frac{\mu_0 S N^2}{2\delta} \qquad\qquad (2-39)$$

式中　　δ——空气隙厚度；

　　　　S——磁路有效截面积；

　　　　N——线圈匝数；

　　　　μ_0——空气磁导率。

结论：只要被测位移能够引起空气隙厚度 δ 或磁路有效截面积 S 变化，线圈的自感量就会随之变化。

②互感式位移传感器（差动变压器）。

差动变压器较多采用螺管式，如图 2-22(a) 所示，其等效电路如图 2-22(b) 所示。

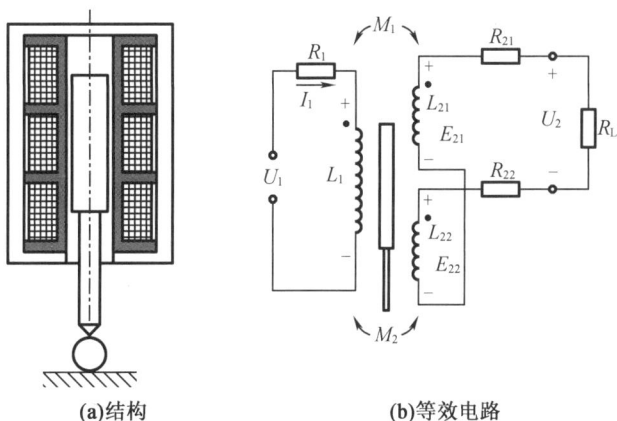

(a)结构　　　　　　　　　(b)等效电路

图 2-22　差动变压器结构与等效电路

差动变压器输出电势的大小和相位可以反映衔铁位移量的大小和方向，输出电压的有效值为

$$U_2 = \frac{2\omega\Delta M}{\sqrt{R_1^2 + (\omega L_1)^2}} U_1 \qquad (2-40)$$

当激励电压的幅值 U_1 和角频率 ω、初级线圈的等效电阻 R_1 及电感 L_1 为定值时，差动变压器输出电压的幅值 U_2 与互感的变化量 ΔM 成正比，而且在衔铁上移或下移量相等时，输出电压幅值相同，但相位相差180°。差动变压器的输出特性曲线如图 2-23 所示。

（3）电涡流式位移传感器

电涡流式位移传感器是利用涡流效应，将位移量转换为阻抗的变化而进行测量的。电涡流式位移传感器原理和结构分别如图 2-24、图 2-25 所示。

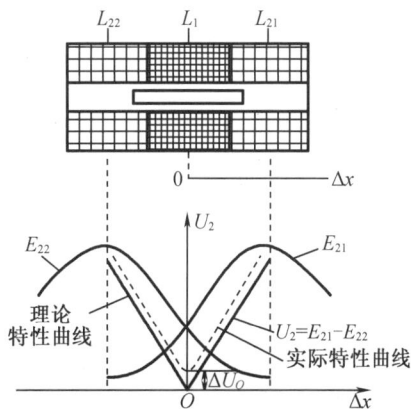

图 2-23　差动变压器的输出特性曲线

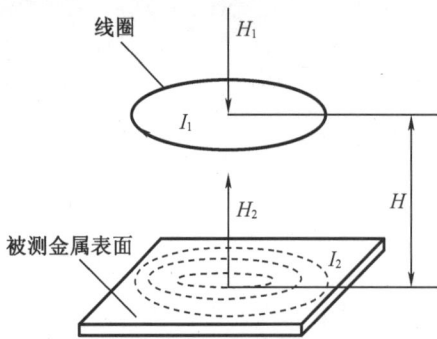

图 2 - 24　电涡流式位移传感器原理

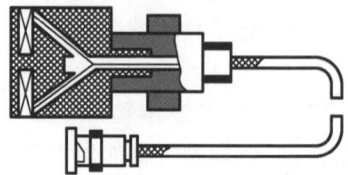

图 2 - 25　电涡流式位移传感器结构

线圈的阻抗变化与导体的电导率、磁导率、几何形状、线圈的几何参数、激励电流频率，以及线圈到被测导体间的距离有关。如果上述参数中仅距离改变，而其余参数恒定不变，则阻抗就成为这个距离的单值函数，阻抗的变化就可以反映线圈到被测金属导体间的距离大小变化。

电涡流式位移传感器结构简单、频率响应宽、灵敏度高、测量范围大、抗干扰能力强，特别是有非接触测量的优点，因此此在工业生产和科学技术的各个领域中得到了广泛应用。

2. 角位移传感器及其测量原理

对测量线性位移的传感器在结构上进行适当变动，可以用于角位移的测量。常用的角位移传感器有旋转变压器、数字式角编码器等。

（1）旋转变压器

旋转变压器是一种基于电磁感应原理工作的精密角度位置检测装置，又称分解器，它可将机械转角变换成与该转角呈某一函数关系的电信号。

旋转变压器由定子和转子组成，定子绕组为变压器的原边，转子绕组为变压器的副边。交流激磁电压接到定子绕组上，感应电动势由转子绕组输出。图 2 - 26 为二极旋转变压器绕组结构。

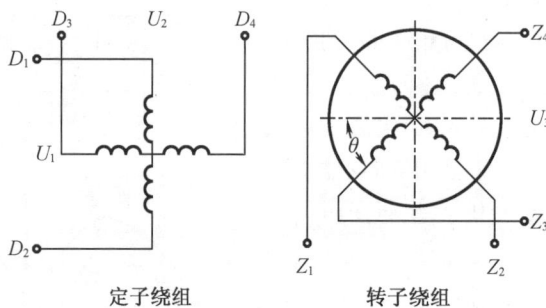

图 2 - 26　二极旋转变压器绕组结构

设加在定子绕组的励磁电压为 $U_1 = U_m \sin \omega t$，由于旋转变压器在结构上保证了定子和转子间气隙内的磁通分布呈正（余）弦规律，所以转子绕组产生的感应电势为

$$U_3 = kU_m \sin \omega t \sin \theta \qquad (2-41)$$

式中 U_m——励磁电压幅值；

        k——变压比(即转、定子绕组匝数比)；

        ω——励磁电压圆频率；

        θ——转子转角。

转子输出电压大小取决于定子和转子两绕组轴线的空间相互位置，两者垂直时 $\theta = 0°$，U_3 为零；两者平行时 $\theta = 90°$，U_3 最大。图 2 – 27 为转子转角与转子绕组感应电势的对应关系。

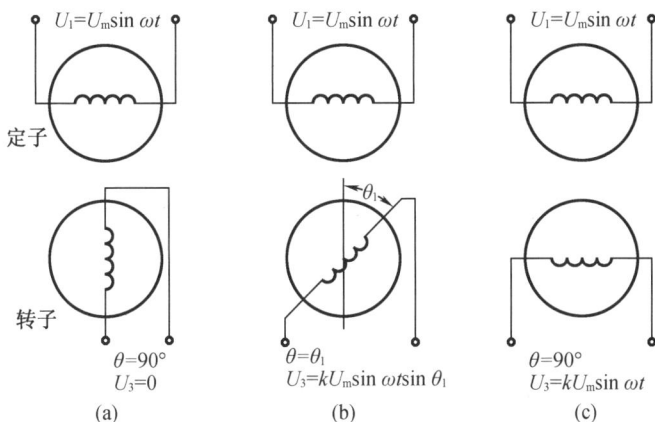

图 2 – 27 转子转角与转子绕组感应电势的对应关系

①鉴相式测量方式。

转子绕组中的感应电压为

$$U = kU_s \sin \theta + kU_c \cos \theta = kU_m \cos(\omega t - \theta) \tag{2 – 42}$$

从而可知感应电压的相位角就等于转子的机械转角 θ。因此只要检测出转子输出电压的相位角，就知道了转子的转角。

②鉴幅式测量方式。

转子绕组中的感应电压为

$$U = kU_s \sin \theta + kU_c \cos \theta = kU_m \cos(\varphi - \theta) \sin \omega t \tag{2 – 43}$$

若已知励磁电压的相位角 φ，则只需测出转子感应电压 U 的幅值 $kU_m \cos(\varphi - \theta)$，便可间接求出转子与定子的相对位置 θ；若不断调整励磁电压的相位角 φ，使 U 的幅值 $kU_m \cos(\varphi - \theta)$ 为 0，跟踪 θ 的变化，即可由 φ 求得角位移 θ。

(2)数字式角编码器

角编码器在结构上主要由可旋转的码盘和信号检测装置组成，按工作原理分类主要有增量式编码器和绝对式编码器。

增量式编码器的输出是一系列脉冲，用一个计数装置对脉冲进行加或减计数，再配合零位基准，实现角位移的测量。

增量式编码器的特点主要有：编码器每转动一个预先设定的角度将输出一个脉冲信号，通过统计脉冲信号的数量来计算旋转的角度，因此编码器输出的位置数据是相对的；由于采用固定脉冲信号，因此旋转角度的起始位可以任意设定；由于采用相对编码，因此断电后旋转角度数据会丢失,需要重新复位。

绝对式编码器的输出是与转角位置相对应的、唯一的数字码,只须将前后两次位置的数字码相减就可以得到要求测量的角位移。

绝对式编码器的特点主要有:直接把被测转角或角位移转换成唯一对应的代码,无须记忆,无须参考点,无须计数;在电源切断后位置信息也不会丢失,而且指示没有累积误差;大大提高了编码器的抗干扰能力和数据的可靠性;无磨损,码盘寿命长,精度保持性好。

相比于增量式编码器,绝对式编码器结构复杂,价格高,码盘基片为玻璃,抗冲击和振动能力差。

二、速度的测量

速度是指在单位时间内的位移增量,具有大小、方向,是个矢量。物体运动速度的测量分为线速度测量和角速度测量。

1. 线速度测量

磁电感应式测速:导体和磁场发生相对运动时,导体上会产生感应电动势,感应电动势与磁场强度、磁阻、线圈运动速度有关,其关系如下

$$E = NBLV \qquad (2-44)$$

式中　E——感应电动势;

　　　N——线圈匝数;

　　　B——磁通密度;

　　　L——导体长度;

　　　V——导体垂直切割磁场速度。

测量线速度的恒磁通动圈式磁电感应式传感器结构原理如图 2-28 所示,其由永久磁铁、线圈、弹簧等组成。

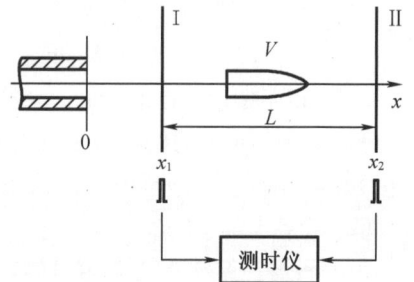

时间位移测速法:其测量原理如图 2-29 所示,$V = L/t$。

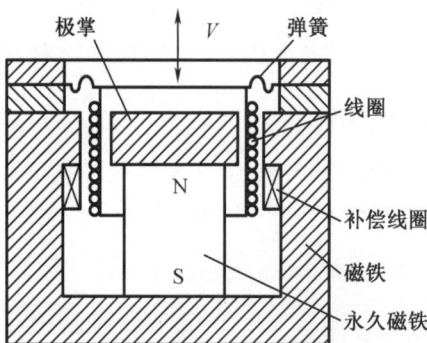

图 2-28　恒磁通动圈式磁电感应式传感器结构原理图　　图 2-29　时间位移测速法测量原理图

2. 角速度测量

角速度测量也可称为转速测量,转速的检测方法很多,按照输出信号的特点可分为模拟式和数字式两大类。

模拟式转速检测方法:使用直流测速发电机、离心式转速表、频闪式转速表检测。

数字式转速检测方法:磁电感应式、电容式、霍尔式、光电式。

三、加速度的测量

加速度的测量是基于对检测仪器中的质量块感受到加速度时所产生的惯性力的测量,是一种全自主的惯性测量。加速度的计量单位为 m/s^2。

1. 霍尔式加速度传感器

霍尔式加速度传感器的测量原理与结构如图 2-30 所示。传感器固定在被测对象上并与其一起做加速运动时,质量块感受到加速度而产生与之成比例的惯性力,使悬臂梁发生弯曲变形,其自由端的霍尔元件 H 就产生与加速度成比例的位移,输出与加速度成比例的霍尔电势 U_H,从 U_H 与加速度的关系曲线上可求得加速度。

2. 电位器式加速度传感器

电位器式加速度传感器的测量原理与结构如图 2-31 所示。传感器壳体与被测对象一起做加速运动时,质量块相对壳体有位移产生并带动电刷在滑动电阻元件上移动。电阻值的变化可以由相应电路转换为电压信号输出,从而可以测出加速度。

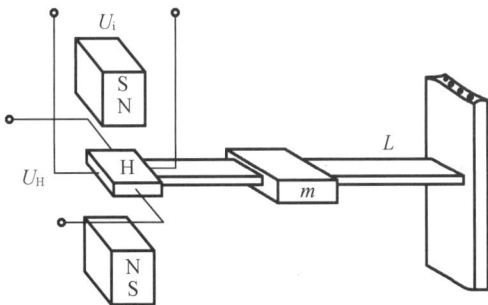

图 2-30　霍尔式加速度传感器的测量原理
与结构

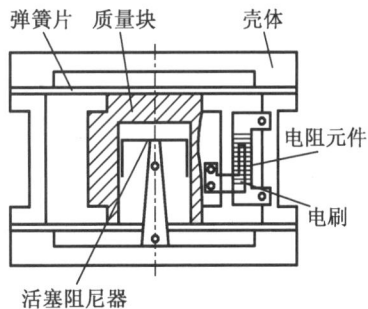

图 2-31　电位器式加速度传感器的测量原理与结构

3. 应变式加速度传感器

应变式加速度传感器的测量原理与结构如图 2-32 所示,由敏感质量块感受加速度 a 而产生与之成正比的惯性力 $F = ma$,再通过弹性元件把惯性力转变成应变、应力,或通过压电元件把惯性力转变成电荷量,从而间接测出加速度。

4. 压电式加速度传感器

压电式加速度传感器(加速度计)是一种压电换能器,它能把振动或冲击的加速度转换成与之成正比的电压(或电荷)。加速度计具有体积小、质量小、频响宽、耐高温、稳定性好及无须参考位置等优点。它的脉冲响应优异,更适用于冲击的测量。

加速度计的结构简图如图 2-33 所示。换能组件为两个压电片,压电片上放一重的质量块,质量块事先用硬弹簧压住,整个系统放置在具有厚底的金属壳中。加速度计受到振动时,质量块在压电片上产生一交变压力,这个力正比于质量块的加速度,也就是 $F = ma$。

由于压电效应,在两片压电片上产生一交变电压,此电压正比于所受的力,因此也正比于质量块的加速度。

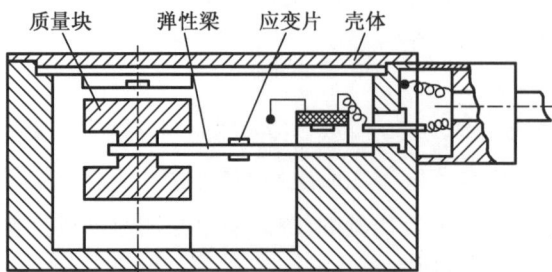

图 2-32　应变式加速度传感器的测量原理与结构　　　图 2-33　加速度计的结构简图

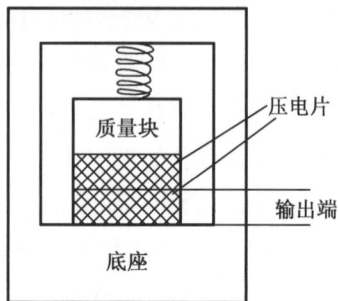

对于频率远低于质量块与整个加速度计系统刚性的谐振频率的振动,质量块的加速度事实上与整个换能器的加速度相同。因此,可以说压电片上产生的电压就正比于整个换能器的加速度。这个电压可以从加速度计输出端引出,并被用来确定振动的幅度、波形和频率。

四、振动传感器

在现代振动测量中,除某些特定情况采用光学测量外,一般用电测的方法。将振动运动转变为电学(或其他物理量)信号的装置称为振动传感器。

根据被测振动运动是位移、速度还是加速度,可以将振动传感器分为位移传感器、速度传感器和加速度传感器。由于位移和速度分别可由速度和加速度积分所得,因而速度传感器还可以用于测量位移,加速度传感器还可以用来测量速度和位移。

从力学原理上看,振动传感器又可分为绝对式传感器和相对式传感器。

绝对式传感器测量振动物体的绝对运动,这时须将振动传感器基座固定在振动体待测点上。绝对式传感器的主要力学组件是一个惯性质量块和支承弹簧,质量块经弹簧与传感器基座相连,在一定频率范围内,质量块相对基座的运动(位移、速度和加速度)与作为基础的振动物体的振动(位移、速度、加速度)成正比,传感器敏感组件再把质量块与基座的相对运动转变为与之成正比的电信号,从而实现绝对式振动测量。

相对式传感器测量振动体待测点与固定基准的相对运动,由传感器敏感组件直接将此相对运动(即振动体的运动)转变为电信号。相对式传感器又可分为接触式和非接触式两种。

实际上,有时(如振动体在空间宏观移动)很难建立一个测量的固定基准;另外,从现场振动测量的便利条件和应用方便而言,使用得最多的是绝对式传感器。但在某些场合,无法或不允许将传感器直接固定在试件上(如旋转轴、轻小结构件等),必须采用相对式传感器。从电学原理上看,根据所采用的将力学量转变为电学量的传感器敏感组件的性质,振动传感器又可分为电感型、电动型、电涡流型、压电型等。

振动传感器的技术性能主要有：

①频率特性：包括幅频特性和相频特性。

②灵敏度：电信号输出与被测振动输入之比。

③动态范围：可测量的最大振动量与最小振动量之比。

④幅值线性度：理论上在测量频率范围内传感器灵敏度应为常数，即输出信号与被测振动成正比。实际上传感器只在一定幅值范围保持线性特性，偏离比例常数的范围称为非线性，在规定线性度内可测幅值范围称为线性范围。

⑤横向灵敏度：实际传感器除了感受主轴方向的振动，对于垂直于主轴方向的横向振动也会产生输出信号。横向灵敏度通常用主轴灵敏度的百分比来表示。从使用上来看，横向灵敏度越小越好，一般要求小于 5%。

目前使用较多的相对式位移传感器为电涡流传感器，它的特点是结构简单，灵敏度高，线性好，频率范围宽(0 ~ 10 kHz)，抗干扰性强，因此广泛应用于非接触式振动位移测量，尤其是大量应用于大型旋转机械上监测轴系的径向振动和轴向振动。

速度传感器应用较广的是电动式速度传感器，它又分为相对式和绝对式。这种传感器的灵敏度比较高，特别是在几百赫兹以下的频率范围内，它的输出电压较大。此外，它的线圈阻抗较低，因而对与它相配的测量仪器的输入阻抗、连接电线的长度及质量要求都较低。通过电子线路的微分或积分可获得振动的加速度值和位移值。

用于测量振动加速度最多的是压电式传感器，又称加速度传感器或加速度计。

加速度计的灵敏度是每单位加速度作用时的输出电压或输出电荷量，前者叫电压灵敏度 S_V，单位是 mV/($m \cdot s^2$)；后者叫电荷灵敏度 S_Q，单位是 pC/($m \cdot s^2$)。它们之间的关系是

$$S_V = \frac{S_Q}{C_a + C_c} \qquad (2-45)$$

式中 C_a——加速度计的电容量；

C_c——电缆的电容量。

加速度计的电荷灵敏度仅仅决定于加速度计本身而与电缆的长度无关，因此在使用长电缆时不必修正灵敏度值，使用比较方便，但是必须与电荷放大器配合使用。

质量比较小的加速度计，工作频率高，最大可测加速度值大，但灵敏度低。反之，质量比较大的加速度计，灵敏度高，但工作频率低，最大可测加速度值小。正确地将加速度计安装到被测振动物体上是很重要的。要求加速度计和被测物体之间的安装表面平直光滑，机械连接越紧密牢固，其使用的上限频率越高。可以用螺栓、磁性夹头、胶黏等方法来安装加速度计，如图 2-34 所示，当指示仪器没有浮动地线时，宜采用绝缘安装方法，这样可以减小地回路的噪声。另外，测试时应将电缆线固定，以防止由于电缆屏蔽层和绝缘材料间的摩擦产生电荷而在指示仪表输入端引起噪声。

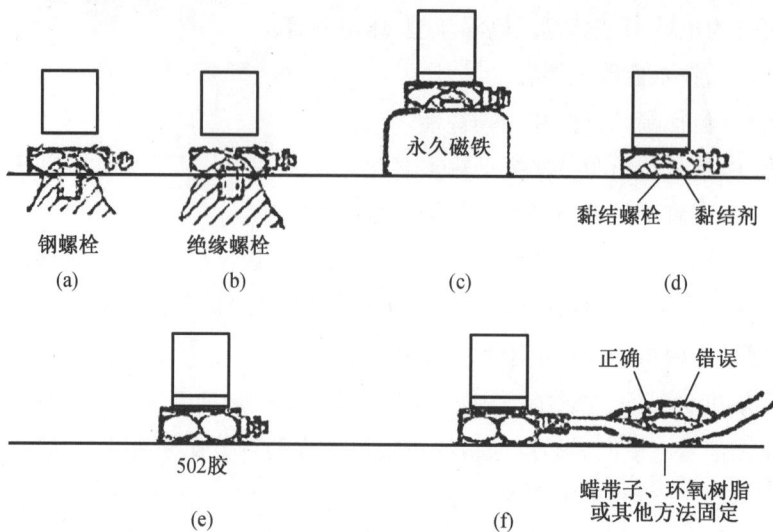

图 2-34 加速度计安装方法

五、振动前置放大器

振动前置放大器的基本作用是把压电加速度计的高阻抗输出转换为低阻抗的信号,以便直接送至测量仪器或分析仪器中。与压电加速度计配用的前置放大器有两种,即电荷放大器和电压前置放大器。

1. 电荷放大器

电荷放大器给出一个与输入电荷成正比的输出电压,但并不对电荷进行放大。电荷放大器最明显的优点在于:无论使用长电缆还是短电缆都不会改变整个系统的灵敏度,因此在振动测量中优先采用电荷放大器。

电荷放大器采用一个运算放大器,这个运算放大器的反馈回路上接一个电容器,以形成一个积分网络对输入电流进行积分,这个输入电流是由加速度计内部的高阻抗压电元件上产生的电荷形成的,从而形成与加速度计的加速度成比例的输出电压。

2. 电压前置放大器

电压前置放大器检测由振动引起的加速度计上的电压变化,并产生与此成比例的输出电压。与电荷放大器相比它的缺点是,电缆电容量的变化会引起整个灵敏度的变化。因此一般不作为单独仪器使用,而是与加速度计配合使用,但对于电缆线长度固定不变的场合可以使用电压前置放大器。

六、通用振动计

通用振动计是用于测量振动加速度、速度、位移的仪器,可以测量机械振动和冲击振动的有效值、峰值等,频率范围从零点几赫兹到几千赫兹。通用振动计由加速度计、电荷放大器、积分器、高/低通滤波器、检波器、校准信号振荡器、电源等组成,如图 2-35 所示。

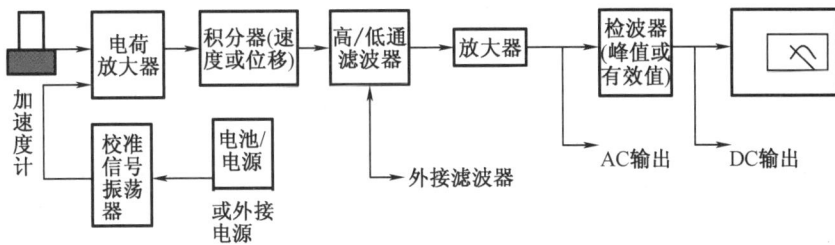

图 2 – 35　振动计工作原理方框图

加速度传感器检取的振动信号经电荷放大器,将电荷信号转变为电压信号,送到积分器经两次积分后,分别产生相应的速度和位移信号。来自积分器的信号送到高低通滤波器,滤波器的上下限截止频率由开关选定。然后信号送到检波器,将交流信号变换为直流信号。检波器可以是峰值或有效值(RMS)检波,在一般情况下,测加速度时选峰值检波,测速度时选有效值检波,测位移时选峰 – 峰值检波。检波后信号被送到表头或数字显示器,直接读出被测振动的加速度、速度或位移值。

通用振动计内的校准信号振荡器使得仪器具有自校功能,还可根据传感器的灵敏度来调节整机灵敏度。而有的振动计具有加速度计灵敏度适调开关,灵敏度适调功能由该开关完成。振动计还可以外接滤波器进行频率分析。

振动测量或分析系统首先要考虑测量对象的振动类型(周期振动、随机振动和冲击振动)、振动的幅度和所研究的测量项目(加速度、速度、位移、波形记录和频谱分析)。

有的振动测量只须了解振动的位移值(如机械轴系的轴向和径向振动),有的要了解振动的速度值(如机械底座、轴承座的振动),而且常常把振动烈度(即 10 Hz ~ 1 kHz 频率范围内振动速度的有效值)作为评价机器振动的主要评价量。

另外还须考虑测量的频率范围、幅值的动态范围、仪器的最小分辨率。对于冲击测量还应考虑振动测量仪的相位特性,因为冲击振动频谱分量所确定的频率范围内,不仅要求测量设备的频率响应必须是线性的,而且要求设备的相位响应不能发生转变。

七、典型声振检测——PULSE Labshop 声振检测系统简介

PULSE 系统是丹麦 B&K 公司于 1996 年推出的世界上首个噪声、振动多分析仪系统,具有多种功能模块,能够同时进行多通道、实时、快速傅里叶变换(FFT)、恒定百分比带宽(CPB)、总值分析(Overall) 等计算,可满足用户在数据记录与管理、结构动力学分析(如实验模态分析、运行模态分析(OMA))、机械故障诊断(如包络分析、阶次分析、转子动平衡、直升机发动机振动检测)、声品质检测、声学材料测试、电声测试等方面的多种要求。

各种传感器(如连接电容传声器、声强探头、电压加速度计、压电电荷传感器、激光转速计、水听器等)通过专用通信电缆与数据采集前端的信号输入端口连接,计算机通过网线与数据采集前端的输出端口相连,构成了 PULSE 声振检测平台。

PULSE 声振检测平台硬件配置主要分两种形式:

①独立的单模块前端系统的小型化配置,如图 2 – 36 所示,多个单模块前端分布于各测

试点附近；

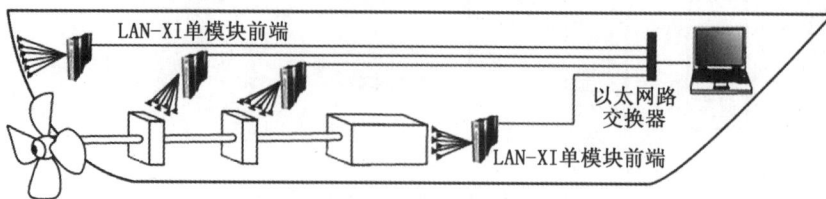

图 2 – 36　PULSE 声振检测平台单模块前端系统的小型化配置

②分布式多通道系统配置如图 2 – 37 所示，任意数目的前端机箱构成的多通道系统与任意数量的单模块前端亦可方便组合。

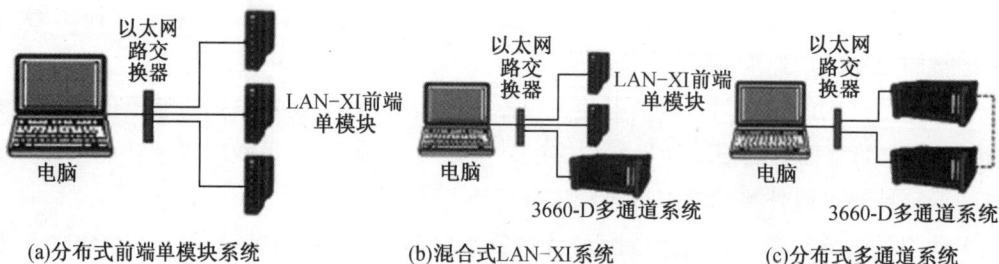

(a)分布式前端单模块系统　　(b)混合式LAN-XI系统　　(c)分布式多通道系统

图 2 – 37　PULSE 声振检测平台分布式多通道系统配置

1. 单模块前端系统

单模块前端系统如图 2 – 38 所示，主要由三部分组成：传感器、数据采集前端、信号处理分析系统。

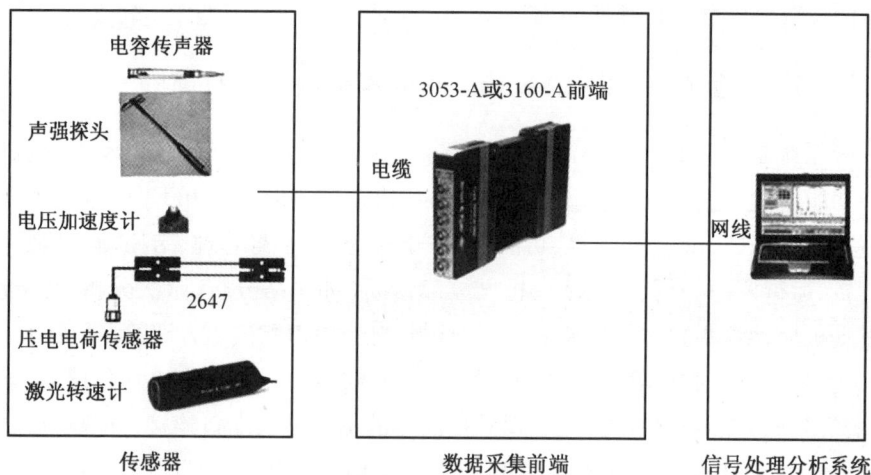

传感器　　　　　数据采集前端　　　　信号处理分析系统

图 2 – 38　单模块前端系统

（1）传感器连接要求

具有内置放大电路型的加速度传感器可以通过同轴电缆连接到数据采集器上,其供电方式采用 CCLD 恒流源方式。恒流源能够提供大约 4 mA、24 V 电源。加速度传感器可直接输出电压信号。

使用电荷输出型加速度传感器时,其内部的敏感元件感受到振动后会输出微弱的电荷信号,将电荷信号转化为电压信号须配电荷转换器或电荷放大器。信号传输须采用低噪声的线缆。

（2）3053 型数据采集前端

数据采集前端有多种型号,根据不同通道数、不同采样带宽、不同传感器的接头来进行选择。也可以将各种数据采集前端放置在一个机箱中,形成多通道检测系统。机箱之间也可以级联,扩展通道数。

3053 型数据采集前端（图 2-39）是高密度 12 通道输入模块,是世界上最小的 12 通道声音和振动分析仪,前面板具有 IP 地址试探失调、错误状态等显示。每一个通道之间都是可以独立工作的,互相之间不会产生任何的干扰。每一个通道都有 LED 灯。LED 灯显示绿色,表示正常的输入通道;LED 灯显示红色,表示输入通道出现了过载。

图 2-39 3053 型数据采集前端

3053 型数据采集前端适用于单模块数据采集系统,也可以作为大型 LAN-XI 测量系统的组成模块;可互换的前面板能够灵活地与各种传感器结合使用;还可以提供 LAN-XI 开放应用协议接口（API）,用于通过用户软件对 LAN-XI 数据采集硬件进行编程。

3053 型数据采集前端主要应用于高通道数声音与振动测量、PULSE 测量与分析软件的测量前端模块、基于 PC 的 7708 型数据记录仪的前端、单模块测量、多模块测量/分布式系统、采用 LAN-XI Notar™软件的独立式记录（不需要 PC）、Sonoscout 无线前端。置于 LAN-XI 3660C 型机箱可配置数据采集通道达 60 个,3660D 型机箱可配置数据采集通道多达 132 个。

（3）PULSE LabShop 信号处理分析系统

PULSE LabShop 信号处理分析系统打开有四个用户界面:Lever Meter 界面、硬件设置（Hardware Setup）窗口、测量管理器（Measurement Organiser）窗口、函数管理器（Function

Organiser)窗口,如图 2 – 40 所示。

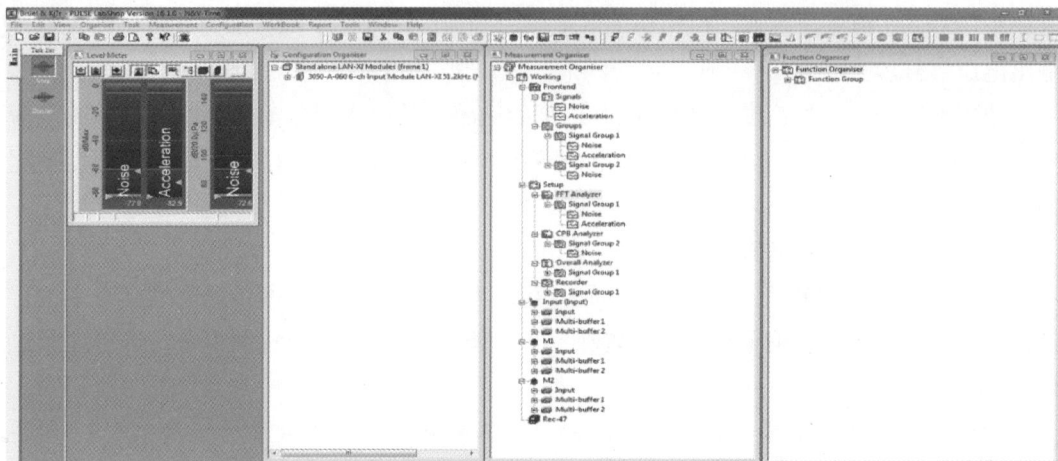

图 2 – 40　PULSE LabShop 系统用户界面

①Level Meter 界面会以液柱状动态显示信号的幅度,正常情况下,信号应该是绿色的动态变化过程。液柱越大,其赋值会越大。当信号非常小,液柱会降低,同时会变成蓝色。如果信号出现了过载,幅值过大,液柱会变成黄色,其至红色。如果在测试中出现了过载,可以把光标放在红色柱状图上面,那么下面就会显示当前信号可能过载的类型、可能引起过载的原因。

②在硬件设置窗口(图 2 –41)中设置需要的输入通道属性和输出通道属性。

在信号的输入通道属性中,可以设置信号的灵敏度、供电方式、量程范围、滤波方式、传感器选型,还可以设置通道的分析仪,如 FFT 分析仪、CDB 倍频程分析仪、Order 阶次分析仪、Record 分析仪等。

Hardware Setup | Measurement Template: Working										
All	Basic	Channel	DOF	Transducer ID	Transducer Type	Transducer				
	Status	Signal Name	Tach	Ref	Analysis 1	Analysis 2	Transducer Type	Transducer Serial Number	Channel Input	Analysis 3
Filter										
1.2.1		Signal 1	☐		None	None			Direct	None
1.2.2		Signal 2	☐		None	None			Direct	None
1.2.3		Noise	☐		None	None	4190 L 1	2610691	Preamp	None
1.2.4		Signal 4	☐		None	None			Direct	None
1.2.5		Signal 5	☐		None	None			Direct	None
1.2.6		Signal 6	☐		None	None			Direct	None
1.2.1 Gen		Generator 1	■						Direct	

图 2 –41　硬件设置窗口

信号通道输入电压的量程范围有 10 V、31.6 V、65 V,输入电压超过量程时会引起模块的自保护。在滤波方式属性栏中设置是否需要添加高通滤波器。做振动或者噪声测试时都需要添加一个高通滤波器。通道中直流信号将被滤掉,最终得到一个交变的信号。

传感器选型中如果是 B&K 公司生产的传感器,可以在下拉菜单中进行型号的选择。如果是其他厂家的传感器,可以先将传感器信息添加到测试项目的数据库中,然后再进行选择。

传感器设置好后,需要对其进行校准,现场校准需要点击激活按钮"Active Calibration"。进入校准环节,有多种校准类型,如加速度计校准、传声器校准、水听器校准。校准后,会产生增益系数 b 对传感器原设定灵敏度进行调整,得到现场级别真正的灵敏度,以保证测量的准确度。

③测量管理器用一个树形结构表示测试逻辑,如图 2-42 所示。在管理器中可以显示各种分析仪下的输入信号通道,便于用户查看通道信息。如前端是一个具有四通道的模块,测量管理器下就会显示 1 至 4 号通道信号。根据设置的分析仪种类,可将通道信号进行分组,如图 2-42 对信号分成两个组,一个叫 FFT 分析组,一个叫 CPB 分析组。FFT 分析组下面包含了两个信号,即信号 1 和 2。同时,通道还要进行 CPB 的分析。测量管理器的设置完全与硬件设置管理器相关联。

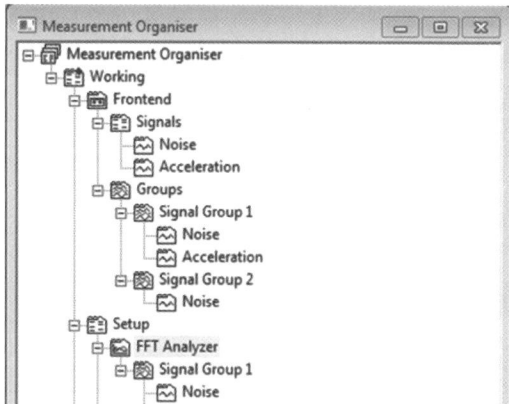

图 2-42　测量管理器

测量管理器还有其他不同的分析仪,如 Order 阶次分析仪、Record 时域信号记录仪、Generater 信号发生器等。下面简要介绍一下主要的几个分析仪。

a. FFT 分析仪,是 Fourier 频谱分析仪,可以将时域实时信号转换为频域信号,常用于对信号进行频率、模式分析。FFT 分析仪分析流程如图 2-43 所示,机械信号通过传感器转变为电信号(如电压、电荷、电流等),由前置放大器进行调制放大,同时用抗混滤波器对高频噪声等过滤,通过模数转换器将模拟量信号转换为数字量信号。通过缓存器协调,数字信号被截取。FFT 分析仪可以对截取的时域信号数据进行快速傅里叶变换,可得到自谱、互谱、传递函数等。

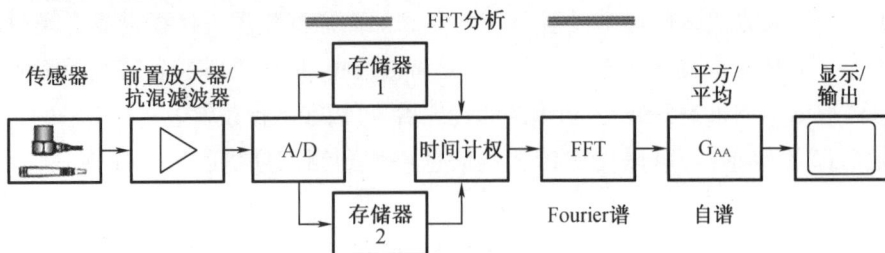

图 2-43　FFT 分析仪分析流程

振动传感器或噪声传感器采集可分为稳态、非稳态、随机、确定性的信号。

传感器采集到信号后,首先需要对信号进行截断,然后对这样一段信号进行周期化,从而进行 FFT 的分析。

在进行信号截断的时候,需要根据不同类型的信号选择合适的窗函数。如信号是一个周期信号,在已知周期的情况下,可选择矩形窗进行整周期截断,保证截断后的信号周期化和原信号是完全一样的,不会产生泄漏误差。如果是瞬态信号,比如在用力锤进行模态实验时的脉冲信号,需要一个矩形窗或者是瞬态计权窗,包含完整的脉冲;对于常见的随机振动信号或者随机噪声信号,通常采用汉宁窗,能够包含信号首尾光滑阶段,然后进行周期化,保证信号之间光滑连续;如遇到加速度传感器信号是一个自由衰减的信号(如力锤敲击法进行模态实验)时,可选用指数计权窗进行信号截取,截取后进行周期化,从而进行 FFT 的计算。窗函数的选择可在 FFT 分析仪属性栏中进行。

b. CPB 分析仪,也称为倍频程分析仪,图 2-44 所示为 CPB 分析仪的参数设置(如三分之一倍频程、下线频率、上限频率、是否添加 A 计权、平均方式等)。

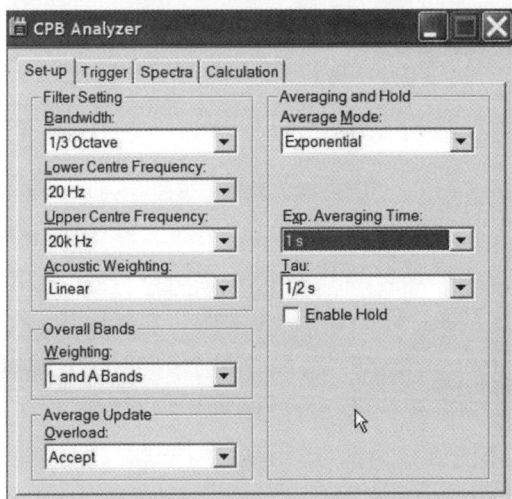

图 2-44　CPB 分析仪参数设置

c. Overall 分析仪,相当于符合国际标准的精密积分声级计,提供了七种独立的检波器功能。它有三个挡位:"Fast"快挡——125 ms 响应时间,平均的速度相当于人耳的分辨速度;"Slow"慢挡——1 s 响应时间,提供相对稳定的平均读数;"Impulse"脉冲挡——35 ms 响应时间,提供对脉冲声的准确读数。

2. 测试流程

①连接传感器,布线,前端开机:不要热插拔传感器及其电缆线,连接好传感器之后再开启前端电源。PULSE 系统中各通道的输入保护电压为 35 V 峰值,超过请勿接入。

②数据采集前端设置 Front – end Setup:设置 IP 地址,将前端和电脑连接起来;添加硬件模块,如数据前端型号、传感器型号及参数信息。

③实时数据采集:首先在 LanShop 软件中进行通道设置、传感器灵敏度校准,然后进行测量设置,最后开始数据采集。

④采用 Reflex core 软件对 LanShop 采集的数据进行导入与截取,通过后处理功能模块进行分析,得出测试结果,然后输出检测报告。

第三节 振动测试与控制实验

本节以江苏东华 DHVTC 振动测试与控制教学实验系统(图 2 – 45)为例,通过实验,介绍多种振动测试实验、减振实验、模态分析实验和隔振性能检测,使使用者了解不同振动类型的特点及振动的固有频率、模态、阻尼比等参数特性的检测方法。

一、简谐振动的振幅检测

简谐振动是最基本、最简单的机械振动。当某物体进行简谐振动时,物体所受的力跟位移成正比,并且总是指向平衡位置。它是一种由自身系统性质决定的周期性运动(如单摆运动和弹簧振子运动)。实际上简谐振动就是正弦振动。

简谐振动的运动方程为

$$x = B\sin(\omega t - \psi) \tag{2 – 46}$$

式中 B——位移振幅;

ω——振动角频率;

ψ——初相位。

根据该运动方程式,可以说位移是时间 t 的正弦或余弦函数的运动是简谐振动。简谐振动的数学模型是一个线性常系数常微分方程,这样的振动系统称为线性系统。线性系统是振动系统最简单最普遍的数学模型。但一般情况下,线性系统只是振动系统在小振幅条件下的近似模型。

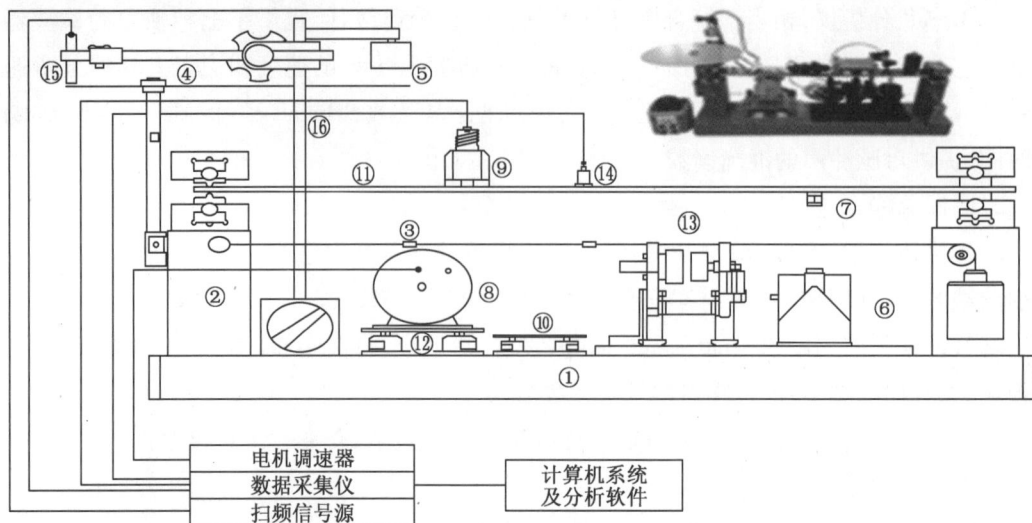

1—底座；2—支座；3—三自由度系统；4—薄壁圆盘；5—非接触式激振器；6—接触式激振器；7—力传感器；

8—偏心电机；9—磁电速度传感器；10—被动隔振系统；11—简支梁/悬臂梁；12—主动隔振系统；

13—单/双自由度系统；14—压电式加速度传感器；15—电涡流位移传感器；16—磁性表座。

图 2 - 45　DHVTC 振动测试与控制教学实验系统

对简谐振动进行检测可以了解振动信号位移、速度、加速度之间的关系。简谐振动检测实验装置如图 2 - 46 所示。

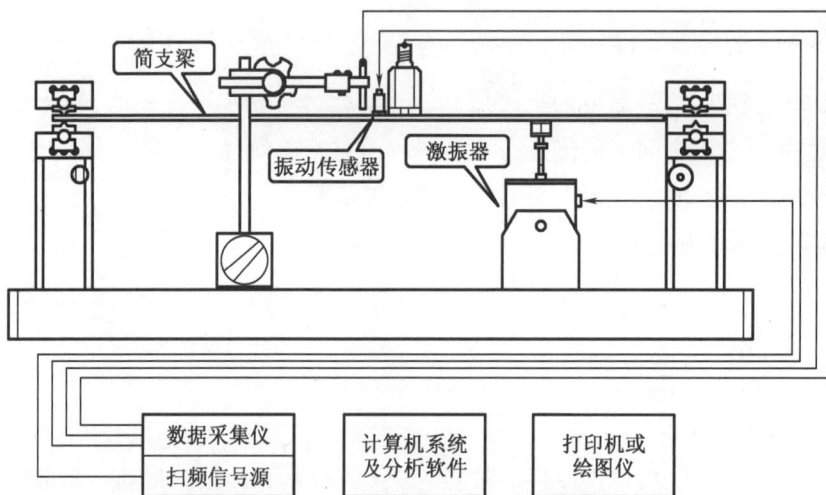

图 2 - 46　简谐振动检测实验装置框图

在振动测量中，有时往往不需要测量振动信号的时间历程曲线，而只需要测量振动信号的幅值。振动信号的幅值可根据位移、速度、加速度的关系，用位移传感器、速度传感器或加速度传感器来测量。设振动位移、速度、加速度分别为 x、v、a，其幅值分别为 X、V、A：

$$x = B\sin(\omega t - \psi) \tag{2-47}$$

$$v = \frac{\mathrm{d}x}{\mathrm{d}t} = \omega B\cos(\omega t - \psi) \tag{2-48}$$

$$a = \frac{\mathrm{d}^2 y}{\mathrm{d}x^2} = -\omega^2 B\sin(\omega t - \psi) \tag{2-49}$$

其中，B、ω、ψ 同式（2-46）。

$$X = B \tag{2-50}$$

$$V = \omega B = 2\pi f B \tag{2-51}$$

$$A = \omega^2 B = (2\pi f)^2 B \tag{2-52}$$

振动信号的幅值也可利用动态分析仪中的微分、积分功能来测量。

检测方法：

（1）安装激振器

将激振器固定在实验台基座上，并在简支梁上安装力传感器，通过顶杆将激振器与力传感器相连，并用螺母紧固，用专用连接线连接激振器和 DH1301 扫频信号源功率输出接线柱。

（2）连接仪器和传感器

把 5E102 电涡流位移传感器用磁性表座固定，将探头对准简支梁的中部，输出信号接到数据采集分析仪的 1-1 通道；把 2D002 磁电式速度传感器安装在简支梁的中部，输出信号接到数据采集分析仪的 1-2 通道；把 1A110E 加速度传感器安装在简支梁的中部，输出信号接到数据采集分析仪的 1-3 通道。

（3）仪器参数设置

打开仪器电源，打开 DHDAS 软件，连接成功后，进入软件的工程管理界面新建一个工程文件（工程文件名自定），进入测量界面，在"测量"—"参数设置"界面中，设置采样频率，通道的量程范围，加速度传感器、速度传感器和位移传感器的灵敏度及工程单位。

注：采样频率一般设置为采集信号的 10~20 倍，保证采集的信号没有幅值失真。量程范围一般设置为采集信号的 1.5 倍，保证较高的信噪比。工程单位根据实际物理量设置，传感器灵敏度根据传感器包装盒所附带的检定证书中给出的灵敏度值进行设置。

输入方式：IEPE 加速度传感器选 IEPE，磁电式速度传感器选 AC，位移传感器选 SIN DC。

在"测量"—"图形区设计"—"选择记录仪"，选择通道 AI1-1、AI1-2、AI1-3，测量时，在软件上勾选"分开显示"，即可在一个记录仪窗口分别显示两个通道的时域信号。

（4）采集并显示数据

调节扫频信号源的输出频率和信号幅值，使梁产生明显振动。在三个窗口中读取当前振动的最大值（位移、速度、加速度），可通过在窗口中点击鼠标右键，在统计信息中选择最大值。

（5）计算数据与实验数据比较

按公式计算位移、速度或加速度值，并与实验数据比较。

根据位移幅值 X = 位移振幅 B，按式（2-51），计算速度幅值 V。

根据速度幅值 V,按式(2-52),计算加速度幅值 A。

也可按式(2-52)由加速度幅值 A 计算速度幅值 V。

二、模态分析检测

1. 模态分析基本原理

模态分析方法把复杂的实际结构简化成模态模型,通过实验测得实际响应来进行系统的参数识别(系统识别),寻求相应的模型或调整预想的模型参数,使其成为实际结构的最佳描述,从而大大地简化了系统的数学运算。模态分析方法主要应用于以下方面:振动测量和结构动力学分析,可测得比较精确的固有频率、模态振型、模态阻尼、模态质量和模态刚度;可用模态检测结果去指导有限元理论模型的修正,使计算机模型更趋于完善和合理;进行结构动力学修改、灵敏度分析和反问题的计算;进行响应计算和载荷识别。

模态分析的实质是一种坐标转换。其目的在于把原在物理坐标系统中描述的响应向量,放到所谓"模态坐标系统"中来描述。这一坐标系统的每一个基向量恰是振动系统的一个特征向量。也就是说在这个坐标下,振动方程是一组互无耦合的方程,分别描述振动系统的各阶振动形式,每个坐标均可单独求解,得到系统的某阶结构参数。

经离散化处理后,一个结构的动态特性可由 N 阶矩阵微分方程描述:

$$M\ddot{x} + C\dot{x} + Kx = f(t) \qquad (2-53)$$

式中　$f(t)$——N 维激振向量;

　　　x、$\dot{x}$、$\ddot{x}$——N 维位移、速度和加速度响应向量;

　　　M、K、C——结构的质量、刚度和阻尼矩阵,通常为实对称 N 阶矩阵。

设系统的初始状态为零,对式(2-53)两边进行拉普拉斯变换,可以得到以复数 s 为变量的矩阵代数方程:

$$[Ms^2 + Cs + K]X(s) = F(s) \qquad (2-54)$$

式中的矩阵

$$Z(s) = [Ms^2 + Cs + K] \qquad (2-55)$$

反映了系统动态特性,称为系统动态矩阵或广义阻抗矩阵。其逆矩阵

$$H(s) = [Ms^2 + Cs + K]^{-1} \qquad (2-56)$$

称为广义导纳矩阵,也就是传递函数矩阵。由式(2-54)式(2-56)可知

$$X(s) = H(s)F(s) \qquad (2-57)$$

在式(2-57)中令 $s = j\omega$,即可得到系统在频域中输出信号和输入信号关系式为

$$X(\omega) = H(\omega)F(\omega) \qquad (2-58)$$

式中 $H(\omega)$ 为频率响应函数矩阵。$H(\omega)$ 矩阵中第 i 行第 j 列的元素

$$H_{ij}(\omega) = \frac{X_i(\omega)}{F_j(\omega)} \qquad (2-59)$$

等于仅在 j 坐标激振(其余坐标激振为零)时,i 坐标响应与激振力之比。

在式(2-55)中令 $s = j\omega$,可得阻抗矩阵

$$Z(\omega) = (K - \omega^2 M) + j\omega C \qquad (2-60)$$

利用实际对称矩阵的加权正交性,有

$$\boldsymbol{\Phi}^{\mathrm{T}}\boldsymbol{M}\boldsymbol{\Phi} = \begin{bmatrix} \ddots & & \\ & m_r & \\ & & \ddots \end{bmatrix} \qquad \boldsymbol{\Phi}^{\mathrm{T}}\boldsymbol{K}\boldsymbol{\Phi} = \begin{bmatrix} \ddots & & \\ & k_r & \\ & & \ddots \end{bmatrix}$$

式中矩阵 $\boldsymbol{\Phi} = [\boldsymbol{\phi}_1, \boldsymbol{\phi}_2, \cdots, \boldsymbol{\phi}_N]$ 称为振型矩阵,假设阻尼矩阵 $\boldsymbol{C}$ 也满足振型正交性关系:

$$\boldsymbol{\Phi}^{\mathrm{T}}\boldsymbol{C}\boldsymbol{\Phi} = \begin{bmatrix} \ddots & & \\ & c_r & \\ & & \ddots \end{bmatrix}$$

代入式(2-60)得

$$\boldsymbol{Z}(\omega) = \boldsymbol{\Phi}^{-\mathrm{T}} \begin{bmatrix} \ddots & & \\ & z_r & \\ & & \ddots \end{bmatrix} \boldsymbol{\Phi}^{-1} \tag{2-61}$$

式中,$z_r = (k_r - \omega^2 m_r) + \mathrm{j}\omega c_r$,则

$$\boldsymbol{H}(\omega) = \boldsymbol{Z}(\omega)^{-1} = \boldsymbol{\Phi} \begin{bmatrix} \ddots & & \\ & z_r & \\ & & \ddots \end{bmatrix} \boldsymbol{\Phi}^{-\mathrm{T}}$$

因此

$$H_{ij}(\omega) = \sum_{r=1}^{N} \frac{\phi_{ri}\phi_{rj}}{m_r[(\omega_r^2 - \omega^2) + \mathrm{j}2\xi_r\omega_r\omega]} \tag{2-62}$$

式中,$\omega_r^2 = \dfrac{k_r}{m_r}, \xi_r = \dfrac{c_r}{2m_r\omega_r}$。

m_r、k_r 分别为第 r 阶模态质量和模态刚度(又称为广义质量和广义刚度)。ω_r、ξ_r、$\boldsymbol{\phi}_r$ 分别为第 r 阶模态频率、模态阻尼比和模态振型。

不难发现,N 自由度系统的频率响应,等于 N 个单自由度系统频率响应的线性叠加。为了确定全部模态参数,m_r、ξ_r、$\boldsymbol{\phi}_r(r=1,2,\cdots,N)$ 实际上只需测量频率响应矩阵的一列(对应一点激振,各点测量的 $\boldsymbol{H}(\omega)$)或一行(对应依次各点激振,一点测量的 $\boldsymbol{H}(\omega)^{\mathrm{T}}$)就够了。

试验模态分析或模态参数识别的任务就是由一定频段内的实测频率响应函数数据,确定系统的模态参数——模态频率 ω_r、模态阻尼比 ξ_r 和振型 $\boldsymbol{\phi}_r = [\phi_{r1}, \phi_{r2}, \cdots, \phi_{rN}]^{\mathrm{T}}, r=1,2,3,\cdots,n(n$ 为系统在测试频段内的模态数)。

2. 模态分析方法和测试过程

(1)激励方法

为进行模态分析,首先要测得激振力及相应的响应信号,进行传递函数分析(也称为频响函数分析)。传递函数分析实质上就是机械导纳分析。

激励点和响应点之间的传递函数表示在激励点作用单位力时,在响应点所引起的响应。要得到两点之间的传递导纳,只要在激励点加一个频率为 ω 的正弦力信号激振,而在响应点测量其引起的响应,就可得到计算传递函数曲线上的一个点。如果 ω 是连续变化的,分别测得其相应的响应,就可以得到传递函数曲线。

然后建立结构模型,采用适当的方法进行模态拟合,得到各阶模态参数和相应的模态振型动画,形象地描述出系统的振动形态。

根据模态分析的原理,要测得传递函数模态矩阵中的任一行或任一列,可采用不同的

测试方法。

测力法主要是指在模态检测时,人工通过锤击或安装激振器的方法产生激振力;不测力法主要是利用环境中不可控因素产生的激励。

测力法在实际应用时,对于结构较为轻小、阻尼不大的情况,常用锤击法激振。对于结构笨重及阻尼较大的系统,则常用单点激振的方法,用激振器激励,以提供足够的能量。当结构因过于巨大和笨重,以至于采用单点激振时不能提供足够的能量,把想要的模态激励出来;或者是结构在同一频率时可能有多个模态,单点激振不能把它们分离出来,这时就需要采用多点激振的方法,采用两个甚至更多的激励来激发结构的振动。

虽然测力法测量得到的模态结果比不测力法得到的结果要准确,但是对于大型建筑、大型桥梁、汽轮发电机组等都是很难人工施加激励力的,其结构的响应主要由环境激励引起,如机器运行时由质量不平衡产生的惯性力,车辆行驶时的振动,以及微地震产生的地脉动等各种环境激励,而这些环境激励是既不可控制又难以测量的。这种情况下,只能利用响应信号来辨识结构的模态参数。这种在试验过程中不需要测量激励力的模态实验方法称为不测力法,也可以称为环境激励法。不测力法是基于输入为平稳随机过程假设下的参数识别方法。也就是说,假设施加给结构的输入力(环境激励力)为随机信号,随机信号的功率谱为常值。如此得到的响应信号是随机激励下的响应信号,这样就可以用响应信号的互谱来代替频响函数进行参数辨识和模态参数的估计。该方法适用于桥梁及大型建筑、运行状态的机械设备、不易实现人工激励结构的实验模态分析。

(2)结构安装方式

在测试中,结构系统根据分析需要选取所处状态。

一种经常采用的状态是自由状态,即使试验对象在任一坐标上都不与地面相连接,自由地悬浮在空中,如放在很软的泡沫塑料上,或用很长的柔索将结构吊起而在水平方向激振,可认为在水平方向处于自由状态。另一种是地面支承状态,结构上有一点或若干点与地面固结。

如果所关心的是实际情况支承条件下的模态,则可在实际支承条件下进行试验。但最好还是自由支承为佳,因为自由状态具有更多的自由度。

3. 锤击模态检测法(简称锤击法)

(1)模型及测点的确定

简支梁中心距离长(x向)600 mm,宽(y向)56 mm,厚(z向)8 mm,对于简支梁来说,梁的厚度方向和宽度方向相对于平面方向尺寸相差较大,因此我们可以将该简支梁简化成一个平面结构,仅 x 方向布置测点,并进行模态实验。即在软件的实验模态界面中,建立 xy 方向的平面模型,平面是 x 方向 600 mm,y 方向 56 mm,将 z 方向作为激励和响应振动方向。测点数要视得到的模态的阶数而定,测点数目要多于所要求的阶数,得出的高阶模态结果才可信。此处考虑要获得简支梁的4阶模态,我们将模型等分成16段,如图2 – 47所示。

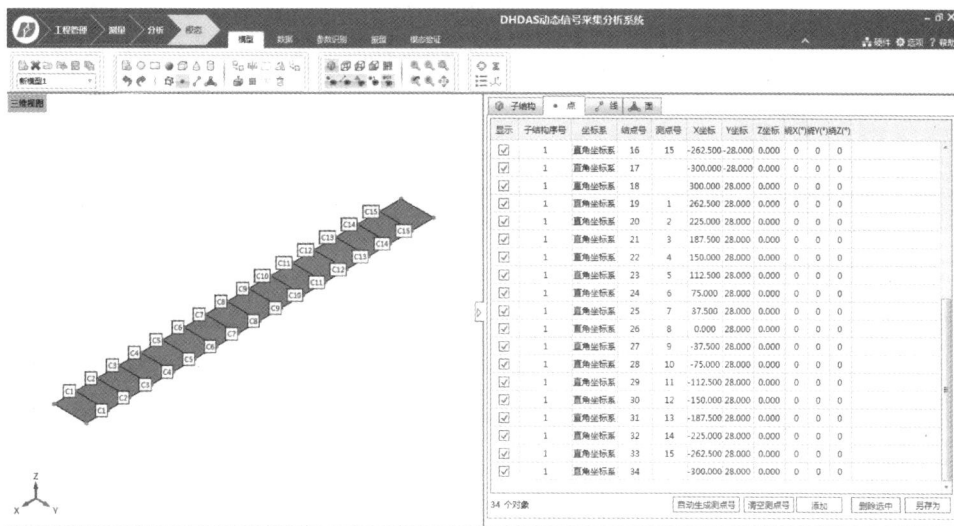

图 2 - 47　梁的结构示意图和测点分布示意图

由于简支梁的特性为两端固定,因此在确定实际测点时,模型两端的点不作为测点考虑;同时考虑梁的平面固定因素,梁在受力时,各截面的整体受力大小和方向是相同的。我们就可以把等分的各个截面的两个点作为一个测点来考虑。综上所述,该简支梁我们共确定 15 个测点。

将简支梁进行 16 等分,并在梁上按图 2 - 47 的设计要求,分别标上测点号。

(2)模态实验方法

锤击法采用模态实验方法中的单点拾振法,即使用一把力锤和一个加速度传感器来完成模态实验。选取拾振点时要尽量避免使拾振点在模态振型的节点上,此处取拾振点在 6 号点处,即将加速度传感器安装在梁的 6 号测点。使用力锤依次从第 1 测点到第 15 测点进行敲击,获得 15 个测点的频响曲线。然后进行模态参数识别,获得梁的模态。

(3)系统连接

系统连接如图 2 - 46 所示,把力锤(已安装力传感器)输出线接到数据采集仪 1 - 1 通道,加速度传感器安放在简支梁第 6 测点,输出信号接到 1 - 2 通道。

(4)参数设置

打开仪器电源,打开 DHDAS 软件,连接成功后,进入软件的工程管理界面新建一个工程文件(工程文件名自定),进入测量界面,在"测量"—"参数设置"界面中,设置采样频率(为 2 kHz)、通道的量程范围、传感器的灵敏度及工程单位,加速度传感器接入通道的输入方式为 IEPE,力锤接入通道的输入方式为 IEPE。

说明:力传感器本身为电荷输出型,在单独使用时,需要先接入电荷调理器后才能再接入数据采集仪。当力传感器与力锤组合后,由于力锤内置有 IEPE 转换器,因此力锤输出信号为电压,软件中输入方式选择 IEPE 即可。同时在输入力锤的灵敏度时请注意,检验证书上给出的分别是力传感器和 IEPE 转换的灵敏度,将两个值相乘后得到力锤的灵敏度,灵敏度单位为 mV/N。

进入"存储规则"界面,将存储方式选择为连续存储。

进入"信号处理"界面,选择"频响分析",点击"新建"按钮,进行频响分析的参数设置,具体如图 2-48 所示。

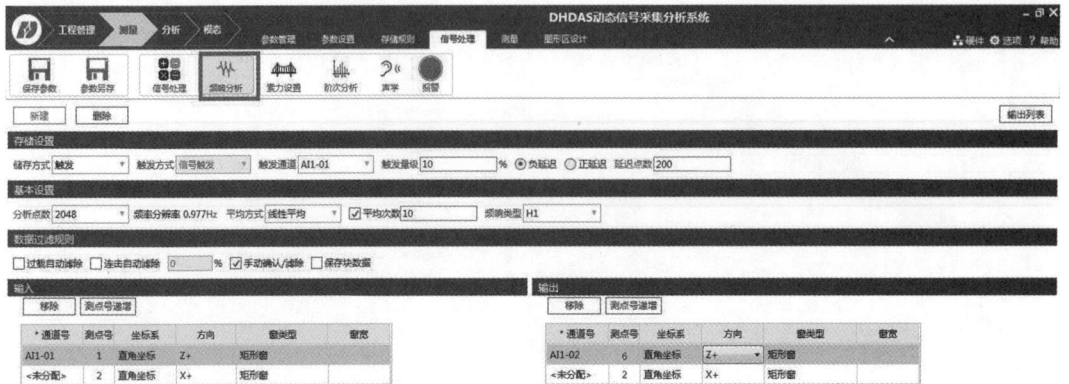

图 2-48　频响分析参数设置界面

储存方式:触发。由于频响分析是软件的一个功能模块,该处选择触发,表示为从连续采集的原始数据中,获取满足触发条件的数据。

触发方式默认:信号触发。

触发通道选择:AI1-1,即为力锤所接入的通道。

触发量级选择:10%,表示当系统测得力锤敲击的力信号大于所设置量程的 10% 时,频响分析达到触发条件,从而获取数据。此处需多次预测试,根据实际测量情况,最终选择合适的力信号量程。

延迟点数选择:负延迟 200 点。

分析点数:2 048。该参数的大小会影响频响曲线中的频率分辨率,可根据实际测试情况调整。

平均方式:线性平均;平均次数为 10 次,表示取 10 次频响数据进行平均处理得到该测点最终的频响曲线,若测试时间允许,可以再多进行几次取平均,以期获得更好的频响曲线。

频响类型:H1。

数据过滤规则选择:手动确认/滤除。

输入通道添加:AI1-1;测点号为 1;方向为 Z+。

输出通道添加:AI1-2;测点号为 6;方向为 Z+。

设置完毕进入测量界面。

进入"图形区设计"界面,点击四次"2D 图谱"图标,新建四个 2D 图谱窗口,返回"测量"界面,如图 2-49 所示,将四个"2D 图谱"的显示信号,分别选择 AI1-1 力信号、AI1-2 加速度信号、频响曲线、相干曲线进行显示。可以通过在"图形区设计"界面中选择"数字

"表"图标,用数字表来显示平均次数的值。

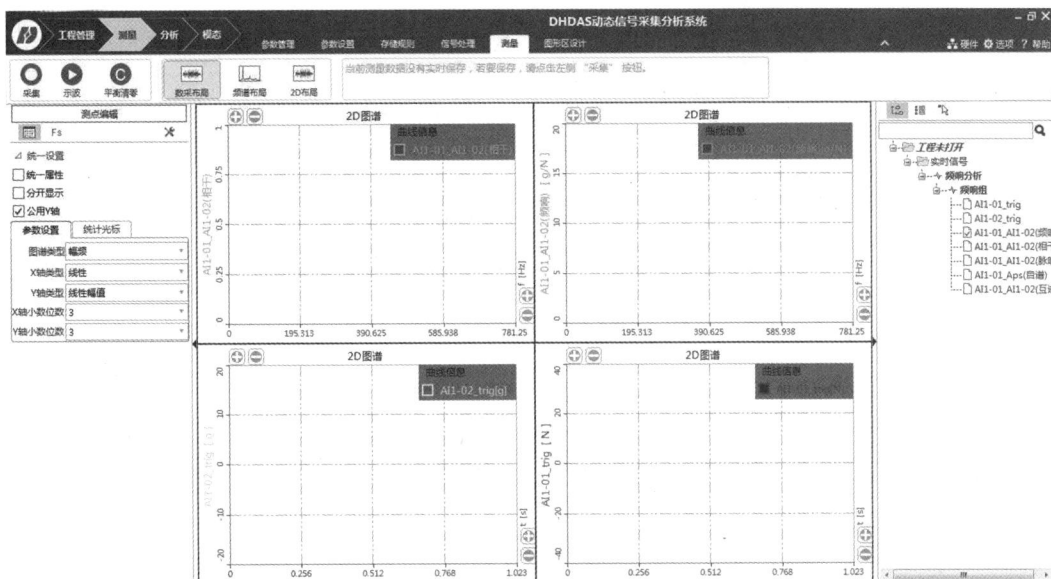

图 2-49　2D 图谱信号选择

（5）测量

①预采样。

在示波状态下,用力锤敲击各个测点,观察有无波形,如果通道无波形或波形不正常,就要检查仪器是否连接正确,导线是否接通,传感器、仪器的工作是否正常等,直至波形正确为止。使用适当的敲击力敲击各测点,调节量程范围,直到力的波形和响应的波形既不过载也不过小。该操作主要为观察时间信号是否正常,若软件出现保存提示,请不要保存数据。

②正式采集。

点击"采集"按钮,新建测试文件,可将文件命名为 1,表示从第一个测点开始采集数据。如图 2-50 所示。

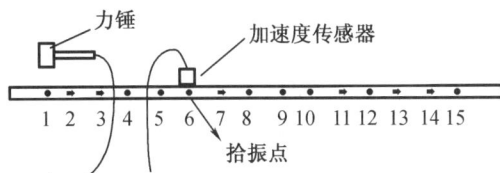

图 2-50　传感器分布示意图

用力锤敲击简支梁第 1 个测点,就可看到力信号、加速度信号的时域波形,以及相应的频响曲线、相干曲线,同时系统会提示是否保存数据,表明已完成一次信号触发。若敲击后未出现提示,表明敲击力度不够,系统未能进行信号触发采集,请加大敲击力度。点击"是"后,系统进入第二次等待触发的状态,继续进行第 1 个测点的敲击并获得第二次触发的频响曲线,如此重复,直至系统完成 10 次信号触发采集后即完成第 1 个测点的频响曲线的采集。点击"停止"按钮,完成第 1 个测点的采集。敲击过程须注意以下几点:

a.力锤敲击梁时应干净利落,不要造成对梁的多次连击,否则会导致频响曲线变差。

b."手动确认/滤除"打开后,软件在每次敲击采集数据后,提示是否保存该次实验数据。

c.对敲击信号和响应信号的质量判断原则为力锤信号无连击,振动信号无过载。

完成第 1 个测点的采集后,点击"测点编辑"按钮,将力锤通道的测点号改为"2",如图 2－51 所示。对系统进行平衡清零操作,点击"采集"按钮,新建测试文件,文件名为"2",系统进入等待触发状态,将力锤移动至简支梁的第 2 个测点进行敲击,重复上述操作,并获取第 2 个测点的频响曲线。

依次完成第 3 个测点至第 15 个测点的频响曲线采集,方法同上描述,请读者认真操作,避免出错。

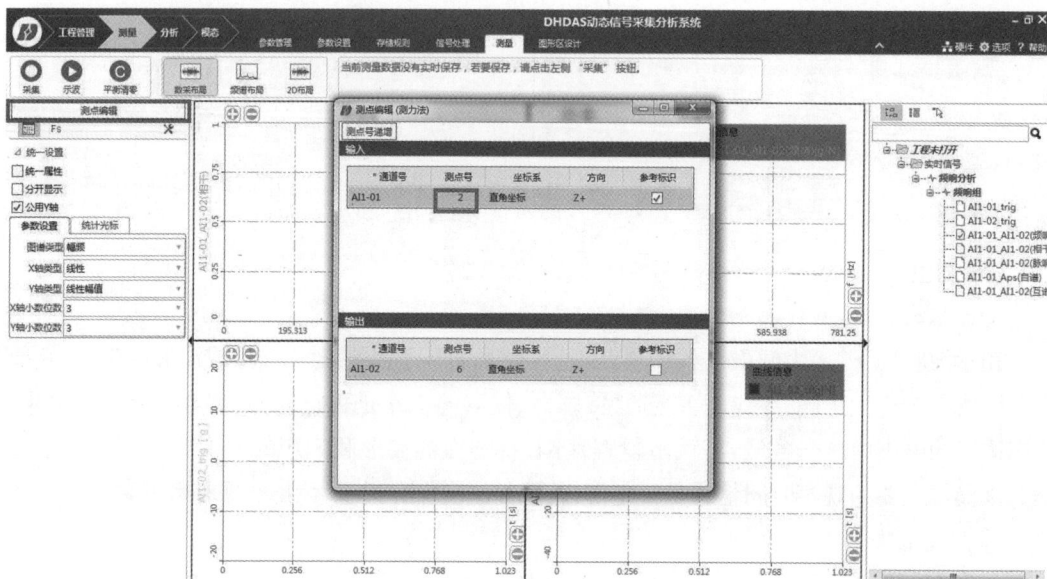

图 2－51　修改测点号

（6）模态分析

①几何建模和测点匹配。

完成所有测点的频响曲线采集后,进入软件"模态"界面,点击"矩形"图标,自动创建矩形模型,输入模型的长度参数 600,宽度参数 56,长度分段数 16,宽度分段数 1;点击"确定"按钮,完成模型创建。选中模型,点击"点"标签,根据模型节点与实际测试时的测点情况,进行节点与测点的匹配。

②导入频响曲线数据。

进入"数据"界面,先确认实验方法为"测力法"及"单点拾振法"。在界面左侧勾选"单点拾振"项,点击"添加"按钮,所测试的数据将在右侧显示,如图 2－52 所示。

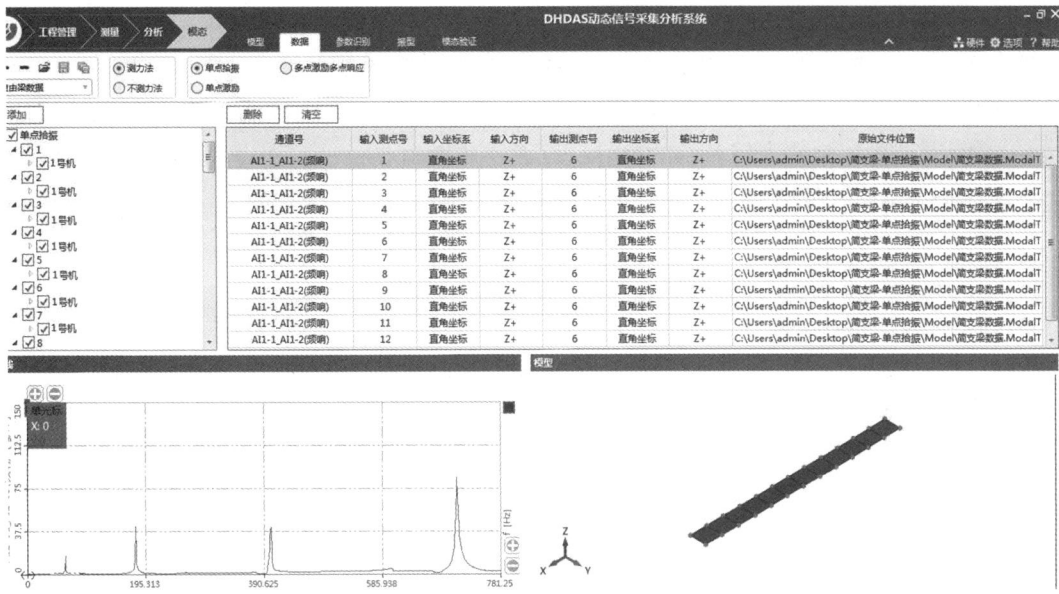

图 2 - 52　数据导入

③参数识别。

进入"参数识别"界面,确认识别方法为 PolyLSCF 识别方法,在"选择频段"中,用两根竖向光标将所需分析的频率段包含在内(注意:左边的竖向光标须移动到最左边 0 值位置),鼠标上下移动横向光标,确定节点数(节点数大于 4),识别频响曲线中峰值,出现红点标记,如图 2 - 53 所示。

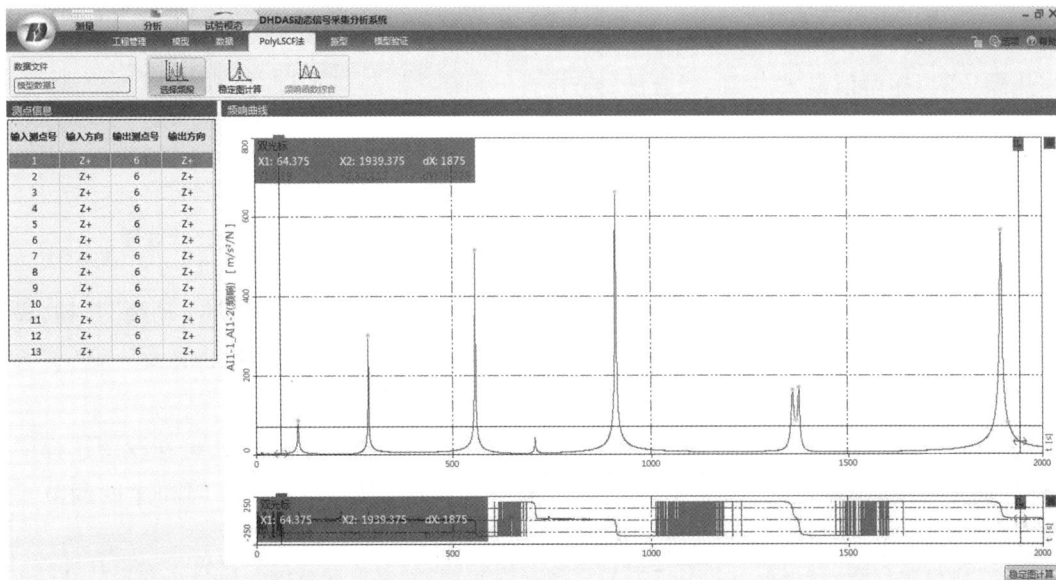

图 2 - 53　选择频段

点击"稳态图计算"按钮计算稳态图并进入"稳态图"界面。界面中可查看已计算的稳态图。稳态图中,S代表三种模态参数全部稳定(每个参数都处在给定的精度范围之内),V代表频率和模态参与因子稳定,移动鼠标至S比较多的频率点上,下方可查看对应鼠标位置的极点信息,单击鼠标左键,选择对应极点(每个频率只须选择一个极点),并显示在左侧极点列表中,如图2-54所示。

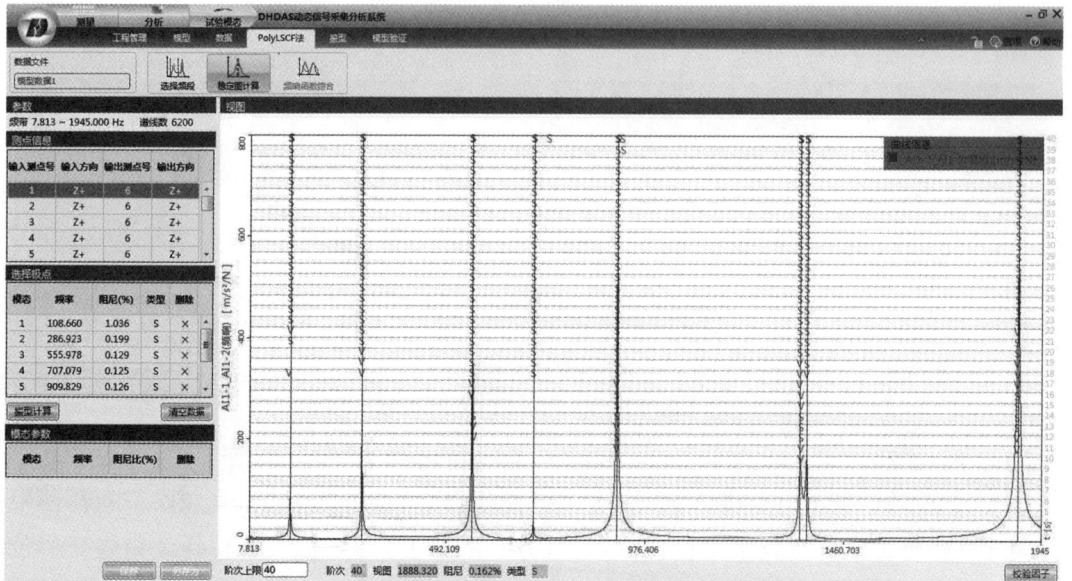

图2-54 稳态图及选择极点

极点选择完毕后,点击"振型计算"按钮,弹出归一化设置方法,如图2-55所示。采用默认的"振型值最大点归一"方法,点击"确定"按钮完成计算,并将结果显示在左下方模态参数列表中,点击"保存"按钮,保存模态结果。

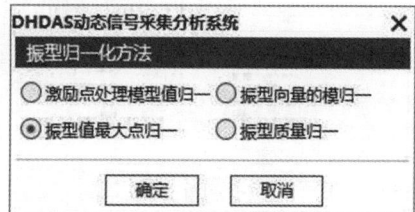

图2-55 振型归一化方法选择

(7)振型显示

模态参数计算完毕后,点击"振型"标签,进入振型动画显示界面。点击"动画"按钮,显示对应模态参数文件下各阶模态振型,移动鼠标至列表中各频率点上,单击鼠标左键,将直接显示对应振型,如图2-56所示。

使用相应按钮进行模态振型的动画控制。如须更换视图的显示方式,可在视图选择中选取(如单视图、多模态三视图)。视图中可根据需要进行色彩调节、振幅和速度调节等操作。

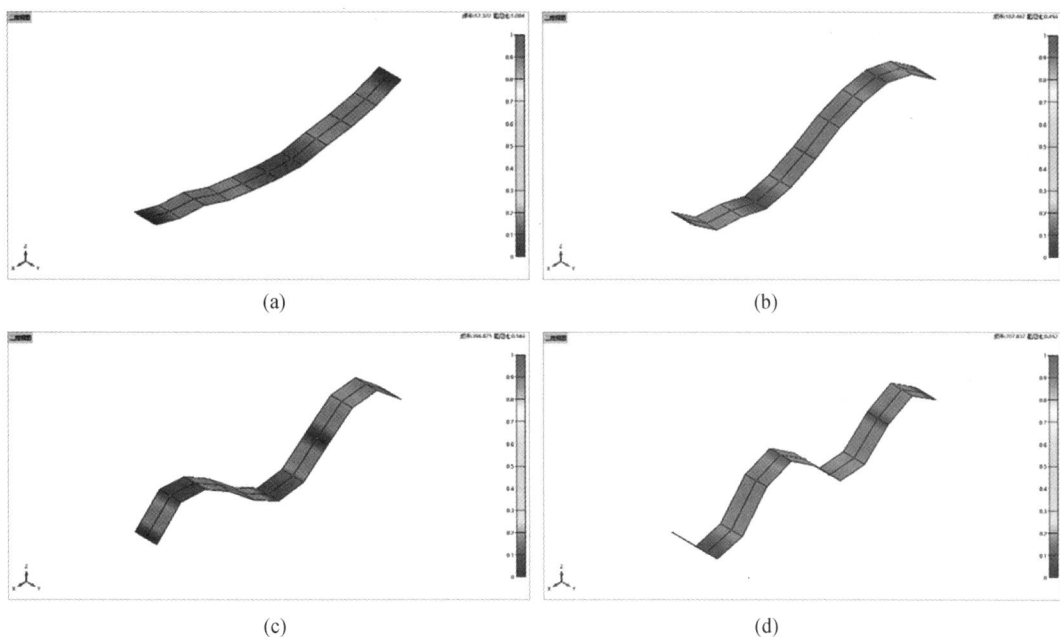

(a)

(b)

(c)

(d)

图 2 - 56　前四阶振型

(8) MAC 模态验证

进入模态验证界面,点击"MAC"按钮,查看对应模态参数文件下的 MAC 图,如图 2 – 57 所示。

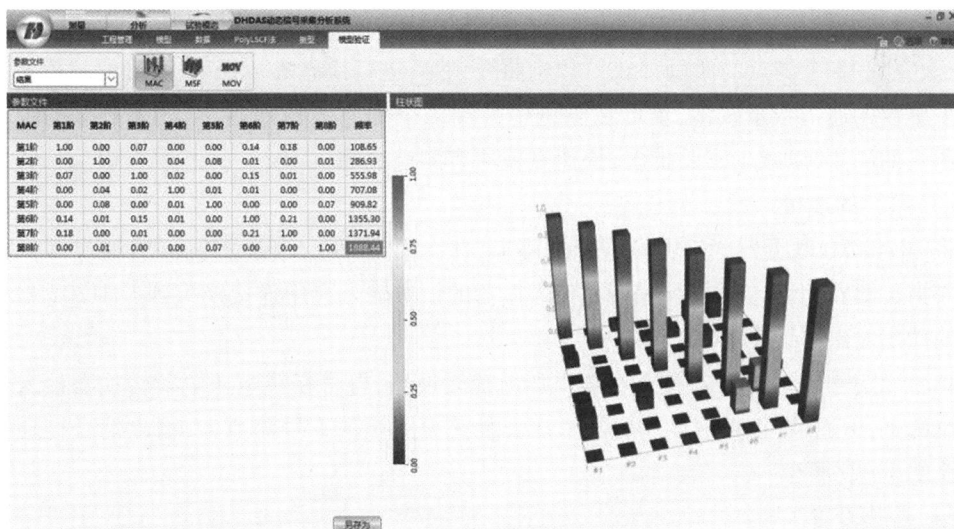

图 2 – 57　MAC 模态验证界面

(9) 振型输出

点击"输出视频文件"或"输出图像文件"按钮,弹出对话框,输入文件存储路径、文件名,点击"保存"按钮,可将振型输出为 avi 动画或图片。

（10）记录模态参数（表2－1）

表2－1　模态参数记录

模态参数	第一阶	第二阶	第三阶	第四阶
频率				
阻尼比				

4.线性扫频法

线性扫频法和锤击法在原理上基本是相同的。但锤击法中，在测试输入、输出信号（激励、响应信号）的频响关系（频响函数）时，激励力由力锤提供（压电式力传感器接收信号）；而线性扫频法中，激励信号为力传感器拾取的扫频信号源DH1301（内置小功率功放）控制激振器激励出来的激励信号。线性扫频法由于移动激励比较困难，工作量大，所以一般情况下多采用单点激励法。

（1）模型与测点的确定

简支梁的模型与测点的确定同锤击法一致。

（2）模态实验方法

本次模态实验，我们采用模态实验方法中的单点激励法，即使用一个激振器和多个加速度传感器来完成模态实验。激振器激励简支梁所在的位置为第4测点。将一个或多个加速度传感器（此处采用一个）依次安装在梁的1号测点。使用激振器对简支梁进行正弦扫频激励，获得1号测点的频响曲线。移动加速度传感器至简支梁的2号测点，再次用激振器（信号源设置与第一次相同的频率和电压值）进行正弦扫频激励，获得2号测点的频响曲线，依次完成15个测点的激励并获得频响曲线，然后进行模态参数识别，获得梁的模态。若数据采集仪的通道数量较多，也可在测试中采用多个加速度传感器，一批完成多个测点的频响曲线的测量，以减少实验批次，快速完成所有测点的测试。

（3）系统的连接

将DH40020激振器固定在实验台基座上，并在简支梁上安装力传感器，通过螺杆将激振器与力传感器相连，并用螺母固紧，把激振器的信号输入端用连接线接到DH1301扫频信号源的功率输出接线柱上。

将激励信号（力传感器）接入在线电压电荷转换器，再将在线电压电荷转换器接入数据采集仪的1－1通道，把加速度传感器依次安装在简支梁的1号测点上，输出信号接到数据采集仪的1－2通道。

（4）参数设置

打开仪器电源，打开DHDAS软件，连接成功后，进入软件的工程管理界面新建一个工程文件（工程文件名自定），进入测量界面，在"测量"—"参数设置"界面中，设置采样频率（为2 kHz）、通道的量程范围、力传感器和加速度传感器的灵敏度及工程单位，力传感器和加速度传感器的输入方式为IEPE。

进入"信号处理"界面，在信号处理界面同样选择"频响分析"，并进行频响分析的参数设置。

进入"图形区设计"界面,点击四次"2D 图谱"图标,新建四个 2D 图谱窗口。返回"测量"界面。将四个"2D 图谱"的显示信号,分别选择 AI1 – 1 力信号、AI1 – 2 加速度信号、频响曲线、相干曲线进行显示,如图 2 – 49 所示。系统平衡清零之后,等待采样。

(5)测量

①预采样。

设置 DH1301 信号源频率的信号类型为线性扫频,起始频率:10 Hz;结束频率:1 000 Hz;线性扫频间隔:1 Hz/s。按下"开始"按钮,调节电压值为 2 000 mV 以上,信号源开始线性扫频。

在示波状态下,观察有无波形,如果通道无波形或波形不正常,就要检查仪器是否连接正确,导线是否接通,传感器、仪器的工作是否正常等,直至波形正确为止。根据 DH1301 输出电压的大小灵活调节传感器所在通道量程范围,直到力的波形和响应的波形既不过载也不过小。若发现传感器信号过小,也可适当增加 DH1301 的电压输出。

②正式采集。

完成预采样后,点击"采集"按钮,新建测试文件,文件名为"1",系统开始采集数据,同时 DH1301 信号源输出扫频信号驱动激振器开始激振。观察 2D 图谱中频响曲线的变化,直到扫频信号达到结束频率,手动停止扫频,点击"停止"按钮,完成第 1 个测点的采集。

完成第 1 测点的采集后,点击"测点编辑"按钮,将加速度传感器通道的测点号改为"2",如图 2 – 58 所示。将加速度传感器移动到简支梁的第 2 测点,对系统进行平衡清零操作,点击"采集"按钮,新建测试文件,文件名为"2",同时 DH1301 信号源输出扫频信号驱动激振器开始激振。观察 2D 图谱中频响曲线的变化,直到扫频信号达到结束频率,手动停止扫频,点击"停止"按钮,完成第 2 测点的采集。

依次完成第 3 测点至第 15 测点的频响曲线采集,方法同上描述。

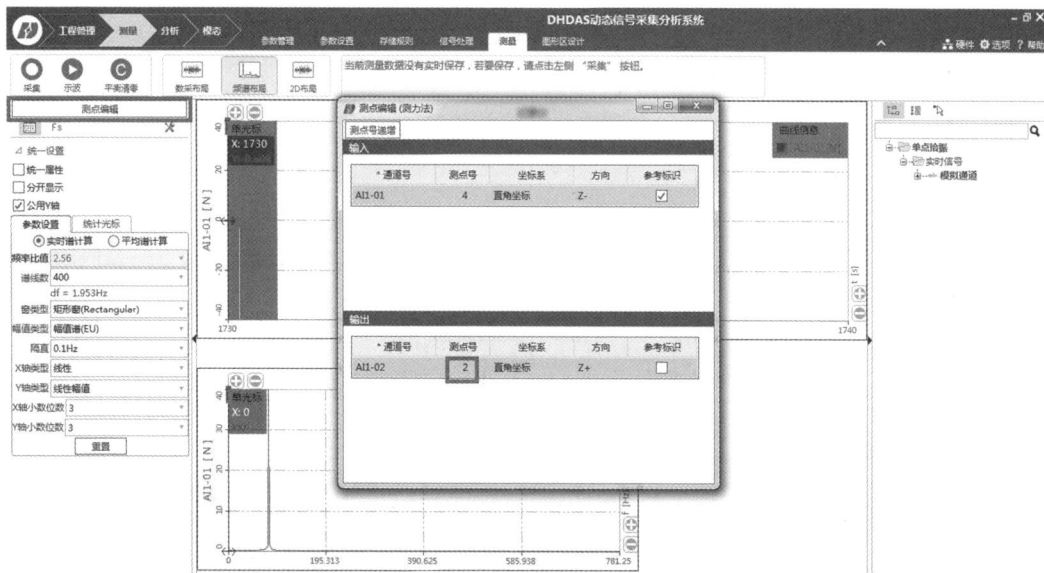

图 2 – 58 测点编辑

模态分析、参数识别、振型显示、MAC 模态验证、振型输出等操作同锤击法所述。

5. 不测力法简支梁模态测试

（1）模型及测点的确定

模型及测点的确定与测力法－锤击模态检测法相同，如图 2－47 所示。

（2）模态实验方法

不测力法模态实验方法，即不测量输入的激励信号，通过给梁施加人为的随机激励来模拟环境激励，并测量简支梁各个测点的时域信号，再通过模态分析方法来识别出简支梁的模态参数。

由于实验所用的测点较多，在传感器数量不足的情况下，需要分多个批次来完成所有测点的数据采集，在这种分批测试的情况下，每批所测试的数据时间和环境激励情况不一样，会导致不能满足结构的线性不变原则。为了解决这个问题，需要引入一个参考点的概念，即选择简支梁上的一个测点作为参考点，在分批次进行数据测试时，每批数据中均要测量作为参考点的测点数据，这样就保证所有测点数据均以参考点作为依据，最终在进行模态分析时，进行数据的归一化处理，得到结构的整体模态参数。参考点的选取原则为：尽量不要选取结构的某一阶振型的节点作为参考点。在作为参考点的测点安装一个加速度传感器，该传感器在整个测试过程中始终在该测点处（一直不动）。

（3）系统连接

系统连接如图 2－59 所示，将两个加速度传感器输出信号接入数据采集仪 1－1 通道和 1－2 通道。将简支梁第 4 测点作为参考点，用 1－1 通道的加速度传感器来测量第 4 测点的信号。

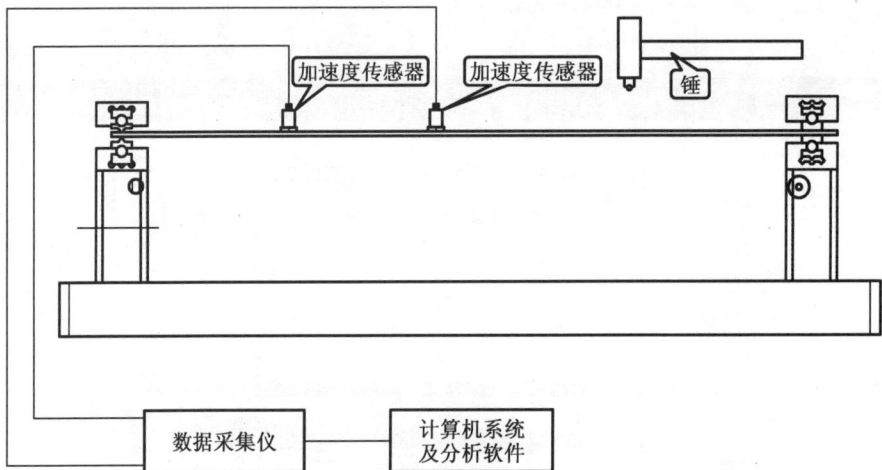

图 2－59 实验装置框图

（4）参数设置

打开仪器电源，打开 DHDAS 软件，连接成功后，进入软件的工程管理界面新建一个工程文件（工程文件名自定，可命名为"不测力数据"），进入测量界面，在"测量"—"参数设置"界面中,设置采样频率为 2 kHz,通道的量程范围、传感器的灵敏度及工程单位,加速度传感器接入通道的输入方式为 IEPE。

在"存储规则"界面,确认存储方式为连续记录,进入"测量"界面,选择"频谱"布局。在记录仪窗口选择 AI1 - 1、AI1 - 2 通道,在 FFT 窗口选择 AI1 - 01、AI1 - 02 通道。选中 FFT 窗口,在软件左侧选择平均谱,谱线数设置为 800,如图 2 - 60 所示。

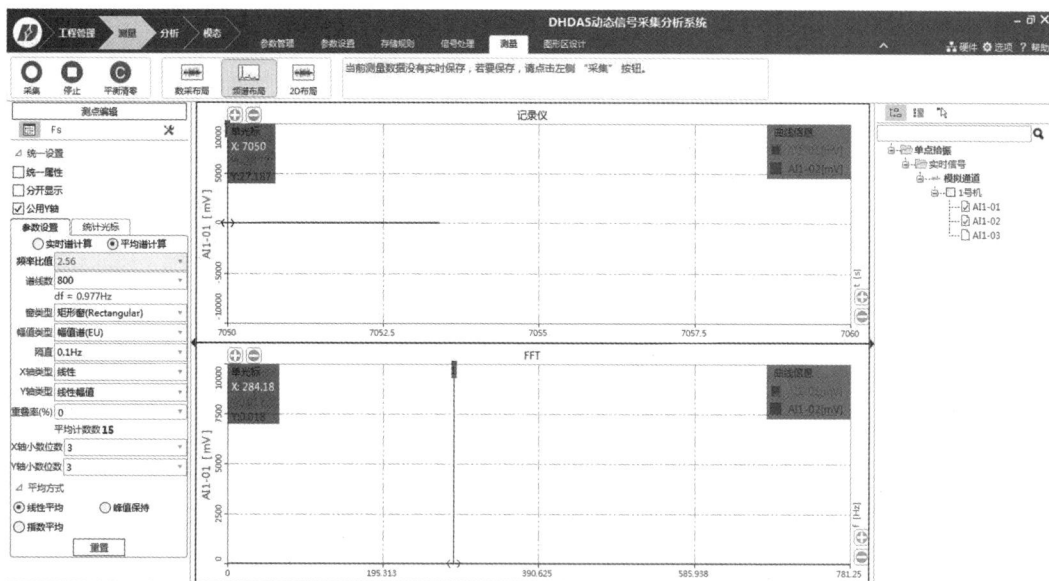

图 2 - 60 参数设置

(5)测量

①预采样。

在示波状态下,用力锤敲击简支梁,观察加速度传感器有无波形,如果通道无波形或波形不正常,就要检查仪器是否连接正确、导线是否接通、传感器、仪器的工作是否正常等,直至波形正确为止。使用适当的敲击力敲击各测点,调节量程范围,直到力的波形和响应的波形既不过载也不过小。该操作主要为观察时间信号是否正常。

②正式采集。

按图 2 - 61 所示,将 1 - 1 通道的加速度传感器放置在第 4 测点(参考点),将 1 - 2 通道的传感器放置在第 1 测点。

在软件中,选择"测点编辑",在打开的对话框中进行设置,将批次设成 1,AI1 - 01 测点号为 4,方向 Z + ,参考表示打钩;AI1 - 02 测点号为 1,方向 Z + ,具体如图 2 - 62 所示。

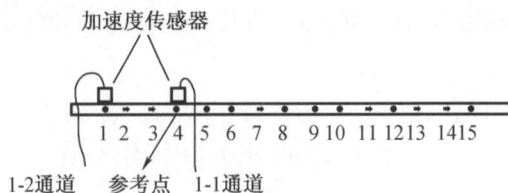

图 2-61　第一批次传感器分布示意图

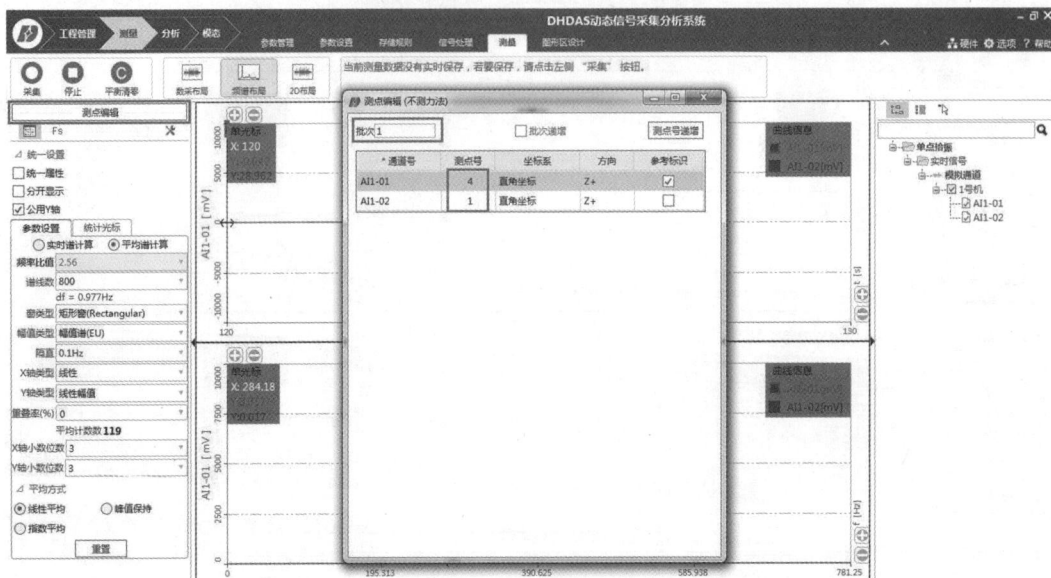

图 2-62　批次设置

点击"采集"按钮,新建测试文件,可将文件命名为 1,表示批次 1。系统开始采集数据,同时用力锤在简支梁平面进行连续敲击,敲击位置和力度可自由调整,也可同时由多人同时进行敲击,来模拟环境激励。

观察记录仪窗口和 FFT 窗口的曲线变化。记录仪窗口的数据曲线应有较好的振动变化,并应过载;FFT 窗口的频谱曲线应清晰,频率峰值应明显。若认为频谱曲线不够好,可能是因为所设置的频率分辨率不合适,此时请停止采样,再重新设置采样频率或谱线数以改变频率分辨率,反复调整参数,直至频谱曲线满意为止。重新开始采样(仍为第一批次),连续不间断存储数据,并观察 FFT 窗口频谱曲线,发现软件左侧所显示"平均计数数(平均次数)"不断增加,这表明 FFT 窗口的频谱曲线在不断地进行平均处理,当频谱曲线变得稳定,基本不再变化时,表明所采集的数据量已经足够,此时"平均计数数(平均次数)"的值一般应在 200 以上,停止采集数据,第一批次数据采集完成。

按图 2-63 所示,将 1-1 通道的加速度传感器仍放置在第 4 测点(参考点),将 1-2 通道的加速度传感器放置在第 2 测点。在软件中选择"测点编辑",在打开的对话框中进行设置,将批次设成 2,AI1-01 测点号为 4,AI1-02 测点号为 2,其余参数不变。点击"采集"按钮,新建测试文件,可将文件命名为 2,表示批次 2。系统开始采集数据,同时用力锤在简支梁平面连续敲击,直至频谱曲线变得稳定,基本不再变化时,停止采集数据,第二批次数据采集完成。

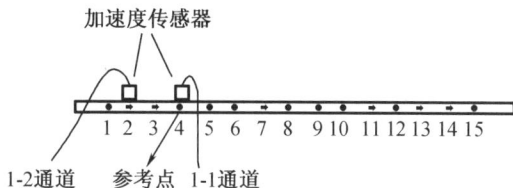

图 2-63　第二批次传感器分布示意图

第三批次数据测试将 1-1 通道的加速度传感器仍放置在第 4 测点(参考点),将 1-2 通道的加速度传感器放置在第 3 测点。在软件中,选择"测点编辑",在打开的对话框中进行设置,将批次设成 3,AI1-01 测点号为 4,AI1-02 测点号为 3,其余参数不变。点击"采集"按钮,新建测试文件,可将文件命名为 3,表示批次 3。系统开始采集数据,同时用力锤在简支梁平面进行连续敲击,直至频谱曲线变得稳定,基本不再变化时,停止采集数据,第三批次数据采集完成。

第四批次数据测试将 1-1 通道的加速度传感器仍放置在第 4 测点(参考点),将 1-2 通道的加速度传感器放置在第 5 测点。在软件中,选择"测点编辑",在打开的对话框中进行设置,将批次设成 4,AI1-01 测点号为 4,AI1-02 测点号为 5,其余参数不变。点击"采集"按钮,新建测试文件,可将文件命名为 4,表示批次 4。系统开始采集数据,同时用力锤在简支梁平面进行连续敲击,直至频谱曲线变得稳定,基本不再变化时,停止采集数据,第四批次数据采集完成。依此类推,完成全部 15 个测点的数据采集。

(6)模态分析

模态分析同锤击模态检测法所述。

(7)参数识别

进入"参数识别"界面,确认识别方法为自互功率谱,根据实际情况,选择分析点数为 2 048、加窗类型为汉宁窗、重叠率 50%,点击"计算"按钮,完成谱计算,如图 2-64 所示。

点击"选择频率"图标,从左至右移动光标到频谱曲线中第一个频率峰值点,按下键盘回车键,此处会出现一条竖线,依次向后选择频谱曲线上的频率峰值点。每选择一个峰值点,会在频率点列表中显示相应的频率值,每个频率值均代表某一阶模态的频率(推荐节点数大于 4)。点击"计算振型"按钮,软件计算出模态的各阶振型、频率和阻尼比,如图 2-65 所示。点击"保存"按钮,将计算结果保存。

6.圆盘模态检测

(1)模型及测点的确定

圆盘直径为 260 mm,与简支梁一样属于扁平形状,因此我们可以将圆盘简化成一个圆形结构,即在软件的实验模态界面中,建立 xy 方向的圆形模型,圆形外径为 260 mm,内径为 20 mm,在圆盘的径向和圆周上进行测点划分,并进行模态实验。将 z 向作为激励和响应振动方向。测点数视要得到的模态的阶数而定,测点数目要多于所要求的阶数,得出的高阶模态结果才可信。此处考虑要获得圆盘的 4 阶模态,我们将模型在径向等分成 3 段,将圆周等分为 16 段,如图 2 – 66 所示。

由于圆盘的固定方式为圆心固定,因此在确定实际测点时,圆盘中心点不作为测点考虑;该圆盘共确定 48 个测点。将圆盘按图 2 – 66 的设计进行等分,并在圆盘上分别标上测点号。

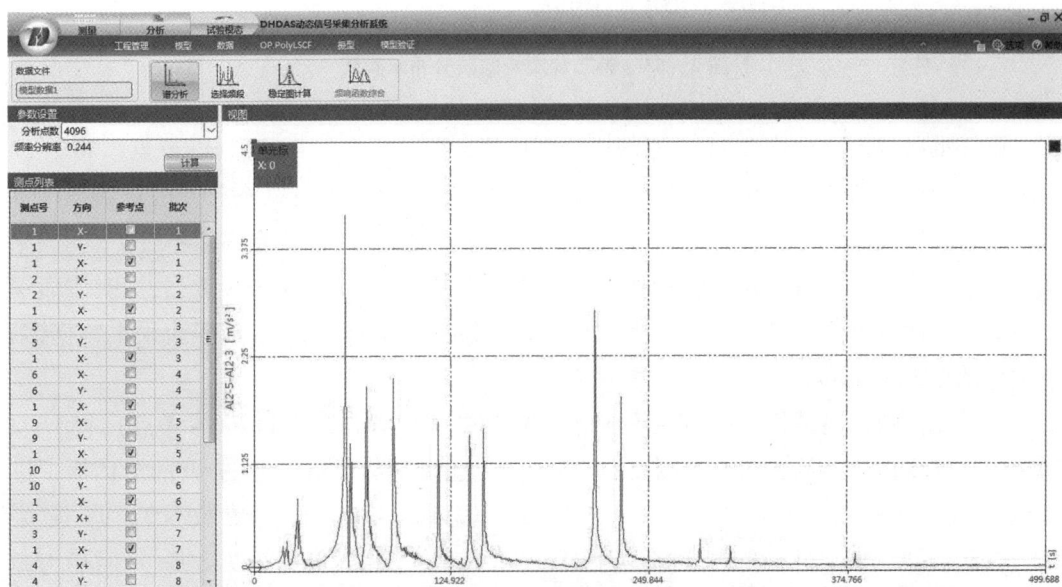

图 2 – 64　谱分析

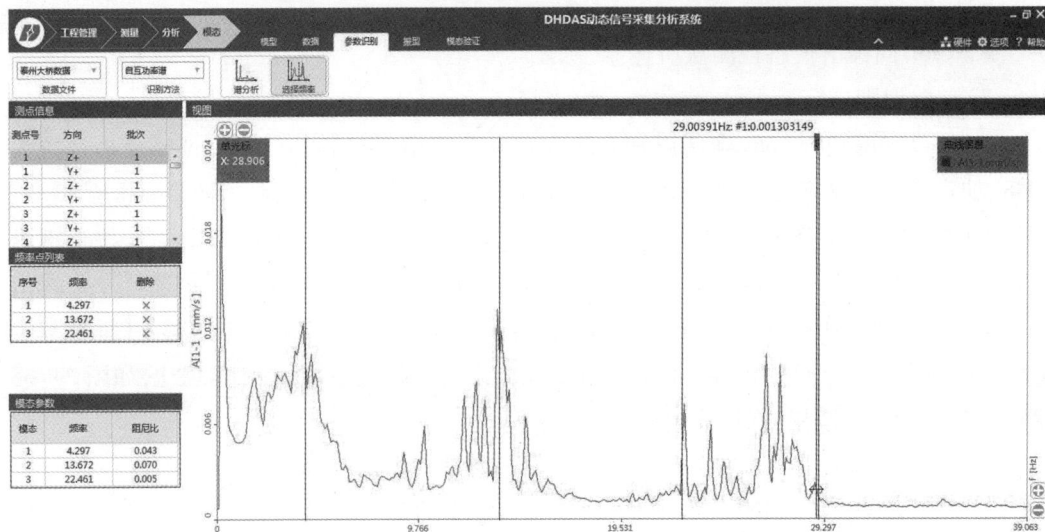

图 2 – 65　选择频率

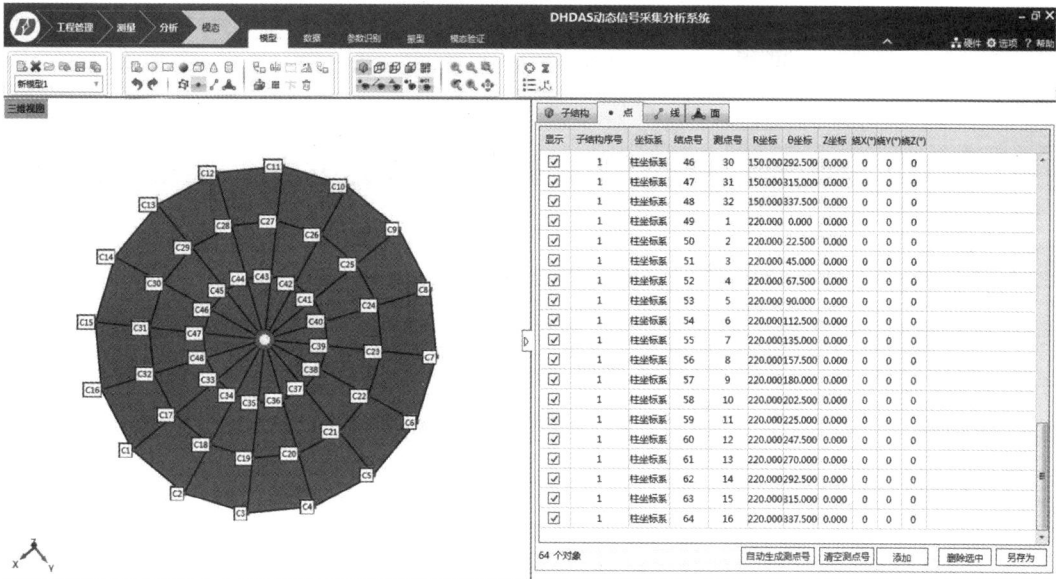

图 2-66 圆盘的结构和测点分布示意图

（2）模态检测方法

采用模态检测方法中的单点拾振法，即使用一把力锤和一个电涡流位移传感器来完成模态实验。选取拾振点时要尽量避免使拾振点在模态振型的节点上，此处取拾振点在 28 号点处，即将电涡流位移传感器安装在圆盘的 48 号测点。使用力锤依次从第 1 测点到第 48 测点进行敲击，获得 48 个测点的频响曲线。然后进行模态参数识别，获得圆盘的模态。

当然，也可以采用单点激励法来完成试验，即使用一把力锤和多个加速度传感器来完成模态实验。数据测试时，力锤始终固定敲击某个固定测点，加速度传感器依次测量第 1 测点到第 48 测点的响应信号，获得 48 个测点的频响曲线。然后进行模态参数识别，获得圆盘的模态（注：此种方法采用多个加速度传感器，在一次测量中，就可同时完成多个测点的频响曲线采集，比单点拾振法效率高很多）。

在本例实验中，考虑多个加速度传感器会对圆盘产生较大的附加质量，因此确定采用电涡流位移传感器，并采用单点拾振法。

（3）系统连接

把力锤（已安装力传感器）输出线接到数据采集仪 1-1 通道，电涡流位移传感器对准圆盘第 28 测点，输出信号接到 1-2 通道。

（4）参数设置

打开仪器电源，打开 DHDAS 软件，连接成功后，进入软件的工程管理界面新建一个工程文件（工程文件名自定，此处为"圆盘模态 2"），进入测量界面，在"测量"—"参数设置"界面中，设置采样频率（为 2 kHz）、通道的量程范围、传感器的灵敏度及工程单位，电涡流位移传感器接入通道的测量类型为桥式传感器，输入方式为 DIF_DC，力锤所接入通道的输入方式为 IEPE。

进入"存储规则"界面，将存储方式选择为"连续存储"。

进入"信号处理"界面,选择"频响分析",点击"新建"按钮,进行频响分析的参数设置,具体如图 2 - 67 所示。设置完毕进入测量界面。

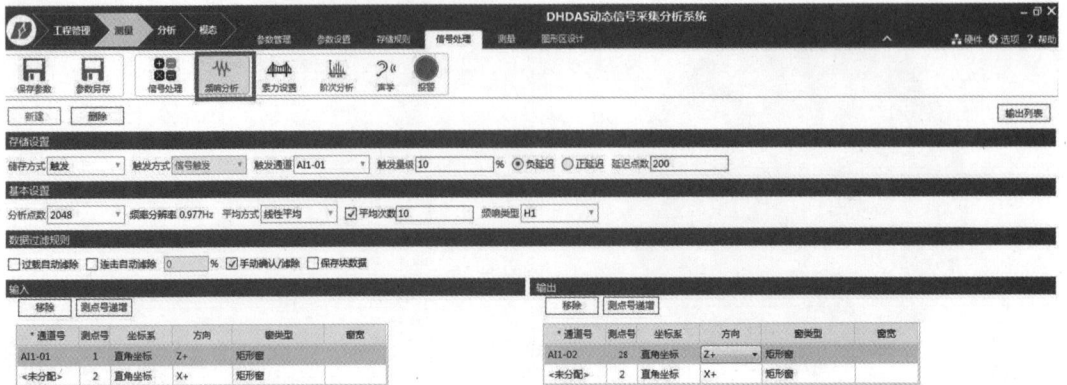

图 2 - 67 频响分析参数设置界面

进入"图形区设计"界面,点击四次"2D 图谱"图标,新建四个 2D 图谱窗口,返回"测量"界面,如图 2 - 68 所示,将四个"2D 图谱"的显示的信号,分别选择 AI1 - 1 力信号、AI1 - 2 加速度信号、频响曲线、相干曲线进行显示。

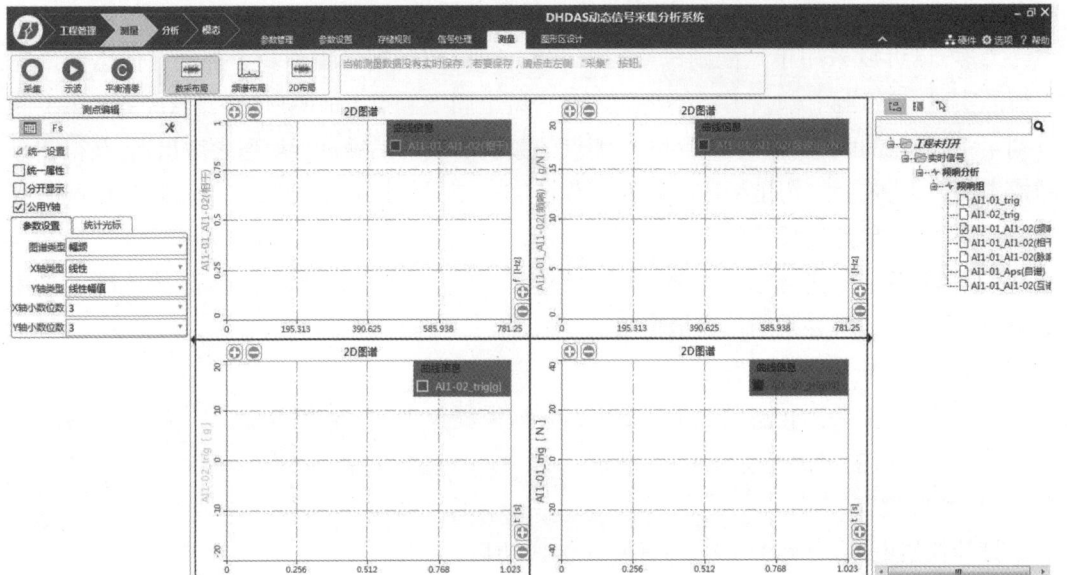

图 2 - 68 2D 图谱信号选择

（5）测量

①预采样。

在示波状态下，用力锤敲击各个测点，观察有无波形，如果通道无波形或波形不正常，就要检查仪器是否连接正确，导线是否接通，传感器、仪器的工作是否正常等，直至波形正确为止。使用适当的敲击力敲击各测点，调节量程范围，直到力的波形和响应的波形既不过载也不过小。该操作主要为观察时间信号是否正常，若软件出现保存提示，请不要保存数据。

②正式采集。

点击"采集"按钮，新建测试文件，可将文件命名为1，表示从第1个测点开始采集数据。

用力锤敲击圆盘第1测点，就可看到力信号、位移信号的时域波形以及相应的频响曲线、相干曲线，同时系统会提示是否保存数据，表明已完成一次信号触发。若敲击后未出现提示，表明敲击力度不够，系统未能进行信号触发采集，请加大敲击力度。出现提示后点击"是"，系统进入第二次等待触发的状态，继续进行第1测点的敲击并获得第2次触发的频响曲线，如此重复，直至系统完成10次信号触发采集后即完成第1测点的频响曲线的采集。点击"停止"按钮，完成第1测点的采集。

完成第1测点的采集后，点击"测点编辑"按钮，将力锤通道的测点号改为"2"，如图2-69所示。对系统进行平衡清零操作，点击"采集"按钮，新建测试文件，文件名为"2"，系统进入等待触发状态，将力锤移动至圆盘的第2测点进行敲击，重复上述操作，并获取第2测点的频响曲线。

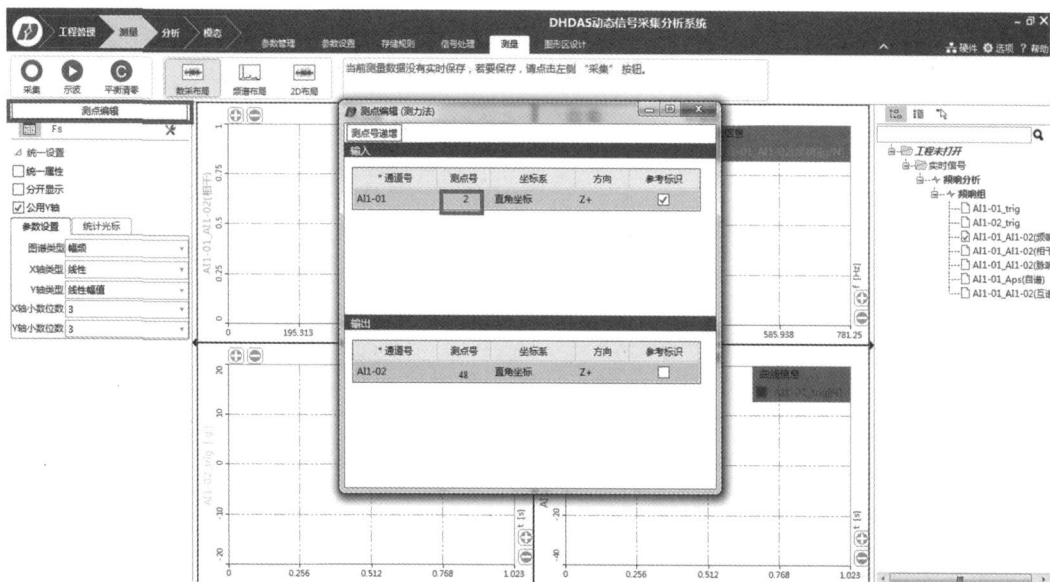

图2-69 修改测点号

依次完成第3测点至第48测点的频响曲线采集，方法同上描述。

（6）模态分析

①几何建模和测点匹配。

完成所有测点的频响曲线采集后，进入软件"模态"界面，点击"矩形"图标，自动创建圆形模型，输入模型的外径参数260，内径参数20，圆周分段数16，径向分段数3；点击"确定"按钮，完成模型创建。选中模型，点击"点"标签，根据模型节点与实际测试时的测点情况，进行节点与测点的匹配。

②导入频响曲线数据。

进入"数据"界面，先确认实验方法为"测力法"及"单点拾振法"。在界面左侧勾选"圆盘模态2"项，点击"添加"按钮，所测试的数据将在右侧显示，如图2-70所示。

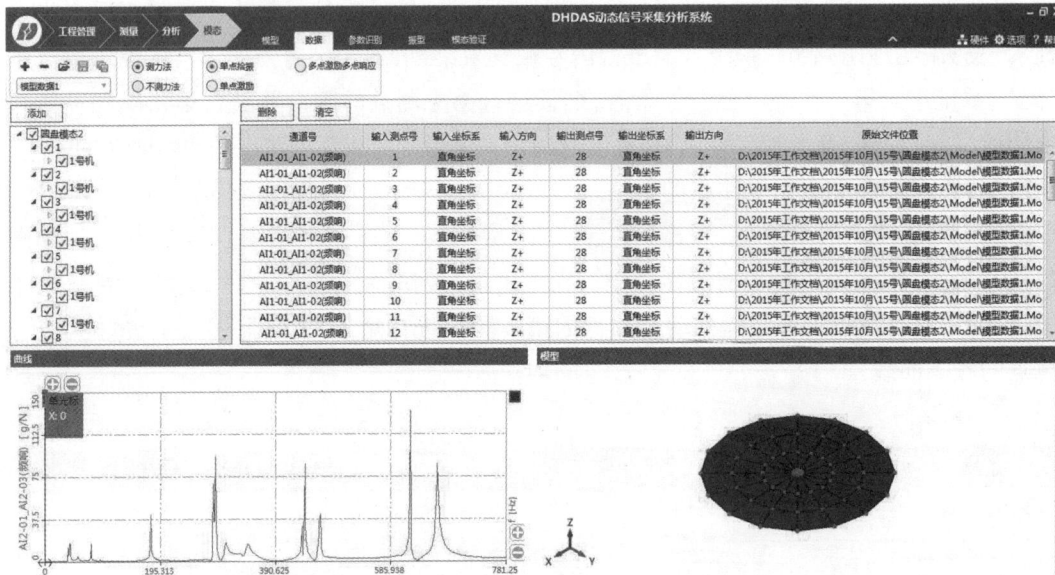

图2-70　数据导入

③参数识别。

进入"参数识别"界面，确认识别方法为PolyLSCF，在"选择频段"中，用两根竖向光标将所需分析的频率段包含在内（注意：左边的竖向光标须移动到最左边0值位置），鼠标上下移动横向光标，确定节点数（节点数大于4），识别频响曲线中峰值，出现红点标记，如图2-71所示。

点击"稳态图计算"按钮计算稳态图并进入"稳态图"界面。界面中可查看已计算的稳态图，稳态图中的S代表三种模态参数全部稳定（每个参数都处在给定的精度范围之内），V代表频率和模态参与因子稳定，移动鼠标至S比较多的频率点上，下方可查看对应鼠标位置的极点信息，单击鼠标左键，选择对应极点（每个频率只须选择一个极点），并显示在左侧极点列表中，如图2-72所示。

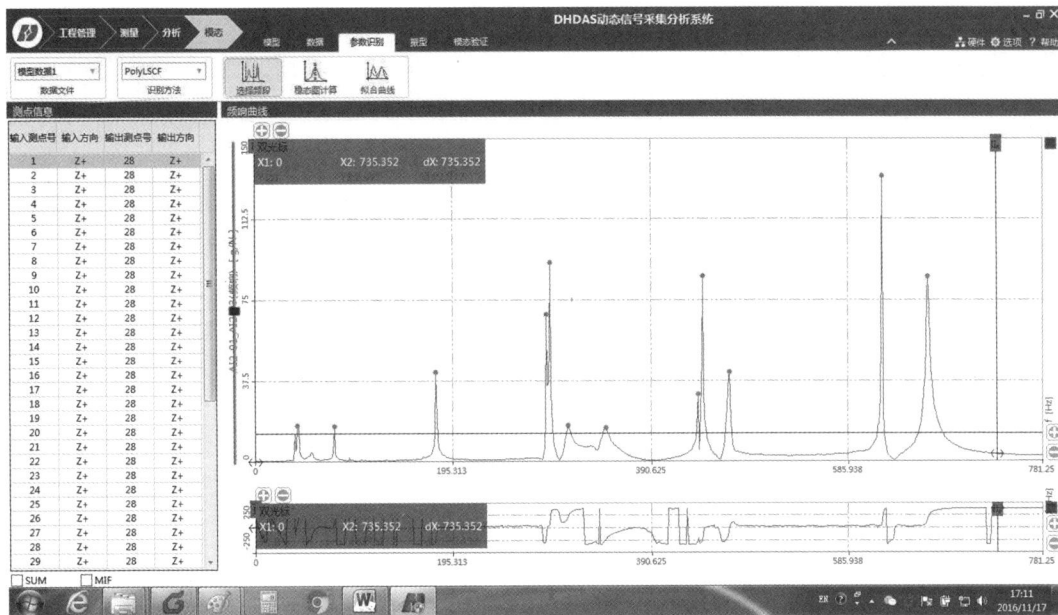

图 2-71 选择频段

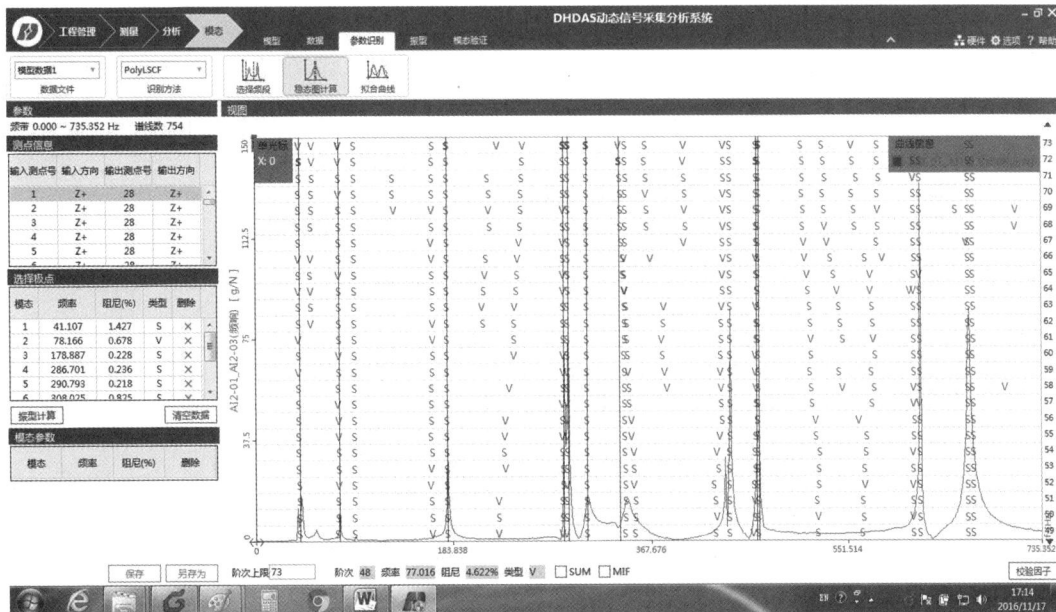

图 2-72 稳态图及选择极点

极点选择完毕后,点击"振型计算"按钮,弹出归一化设置方法。采用默认的"振型值最大点归一"方法,点击"确定"按钮完成计算,并将结果显示在左下方模态参数列表中,点击"保存"按钮,保存模态结果。

（7）振型显示

模态参数计算完毕后，点击"振型"标签，进入振型动画显示界面。点击"动画"按钮，显示对应模态参数文件下各阶模态振型，移动鼠标至列表中各频率点上，单击鼠标左键，将直接显示对应振型，如图 2 – 73 所示。

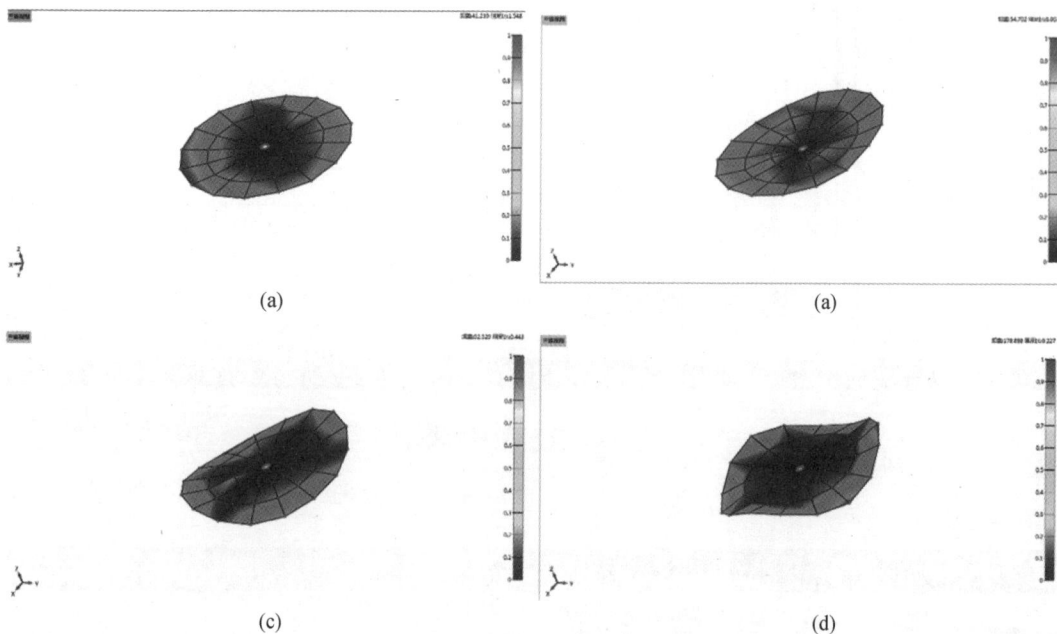

图 2 – 73　前四阶振型

使用相应按钮进行模态振型的动画控制。如须更换视图的显示方式，可在视图选择中选取（如单视图、多模态三视图）。视图中可根据需要进行色彩调节、振幅和速度调节等操作。

（8）MAC 模态验证

进入"模态验证"界面，点击 MAC 按钮，查看对应模态参数文件下的 MAC 图，如图 2 – 74 所示。

三、隔振性能检测

1. 隔振原理与性能参数

振动的干扰会对人、建筑物以及仪表设备造成直接或间接危害。适当的振动隔离方法可以减少这些危害。隔振结构可以减少或隔离物体与周围环境之间的振动传递，进而减少相互影响。隔振原理就是在设备和底座之间安装适当的隔振器，组成隔振系统，以减少或隔离振动的传递。

隔振分为两类，一类是隔离机械设备通过支座传至地基的振动，以减少动力的传递，称为主动隔振，又称为积极隔振；另一类是防止地基的振动通过支座传至需要保护的精密仪器或仪表,以减少振动的传递,称为被动隔振,又称为消极隔振。

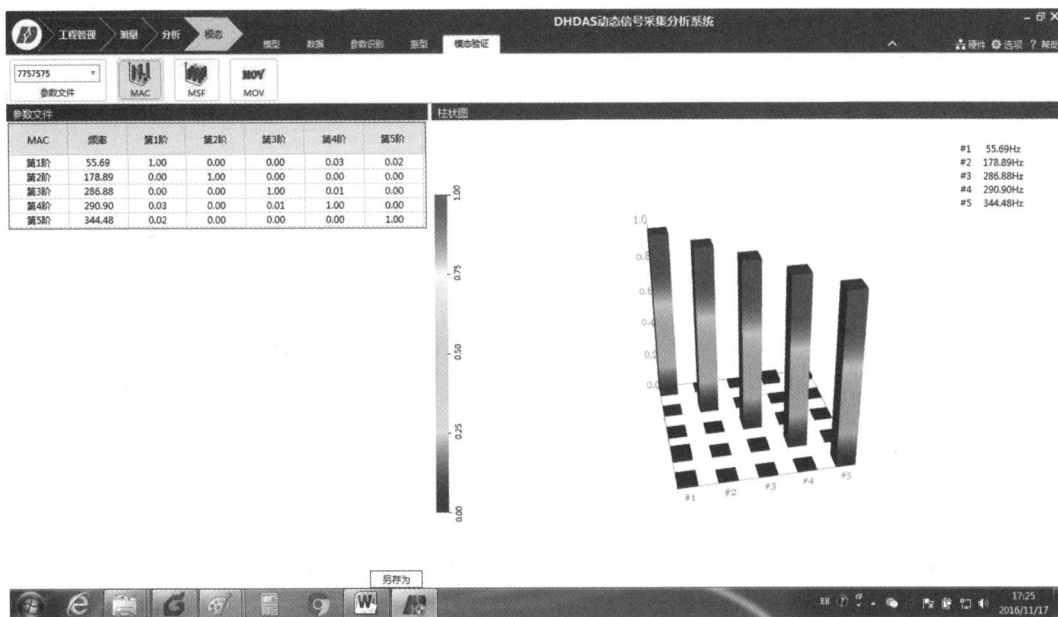

图 2-74 MAC 模态验证

一般振动由物体传递到底座时(主动隔振)常用力表示;当振动由底座传递到物体时(被动隔振)则用位移、振动速度或振动加速度表示,这样便于应用。

在一般隔振设计中,常常用振动传递率 η 和隔振效率 E 来评价隔振效果。

传速率:

$$\eta = \sqrt{\frac{1+(2D\gamma)^2}{(1-\gamma^2)^2+(2D\gamma)^2}} \qquad (2-63)$$

隔振效率:

$$E = (1-\eta)\times100\% \qquad (2-64)$$

式中 D——阻尼比;

  γ——$\gamma=f/f_0$,其中,f 为激振频率,f_0 为隔振系统固有频率。

只有传递率小于 1 才有隔振效果,因此 $\eta<1$ 的区域称为隔振区。

2. 主动隔振检测试验

(1)安装与系统连接

把大的空气阻尼器和质量块组成的主动隔振器固定在底座中部,将一个加速度传感器安装在主动隔振器上面,信号输出接入数据采集仪的 1-1 通道,另一个加速度传感器安装在底座上,并接入数据采集仪的 1-2 通道。

将偏心电机的电源线接到调速器的 24 V 输出端,调速器电源线接到 220 V 电源插座(要求电源使用三芯接地插座),一定要小心防止接错,将偏心电机安装到主动隔振器上,电机转速(强迫振动频率)可用调速器调节旋钮来调节。将转速调节至 3 000 r/min 左右,使偏心电机保持旋转。

(2)仪器设置

打开仪器电源,打开 DHDAS 软件,连接成功后,进入软件的工程管理界面新建一个工程文件(工程文件名自定),进入测量界面,在"测量"—"参数设置"界面中,设置采样频率(为 2 kHz)、通道的量程范围、加速度传感器的灵敏度及工程单位,输入方式为 IEPE。

进入"测量"界面,选择"频谱布局",在记录仪窗口选择 AI1 – 01、AI1 – 02 通道,在 FFT 窗口选择 AI1 – 01、AI1 – 02 通道。选中 FFT 窗口,在软件左侧选择平均谱,谱线数设置为800,如图 2 – 75 所示。

(3)测量

点击"采集"按钮,系统开始采集数据,观察记录仪和 FFT 窗口的数据,FFT 窗口出现的频率值为偏心电机旋转所产生的激励频率。根据所测得的频率,调整调压电机的电压值,使激振频率分别为 20 Hz、40 Hz、60 Hz,分别测量在 20 Hz、40 Hz、60 Hz 时,两个加速度传感器的振动幅度,1 – 1 通道幅值记为 A_1,1 – 2 通道幅值记为 A_2。

(4)根据所测幅值计算传递率和隔振效率

传递率:

$$\eta = \frac{A_2}{A_1} \qquad (2-65)$$

隔振效率:

$$E = (1 - \eta) \times 100\% \qquad (2-66)$$

主动隔振器主动隔振测试结果见表 2 – 2。

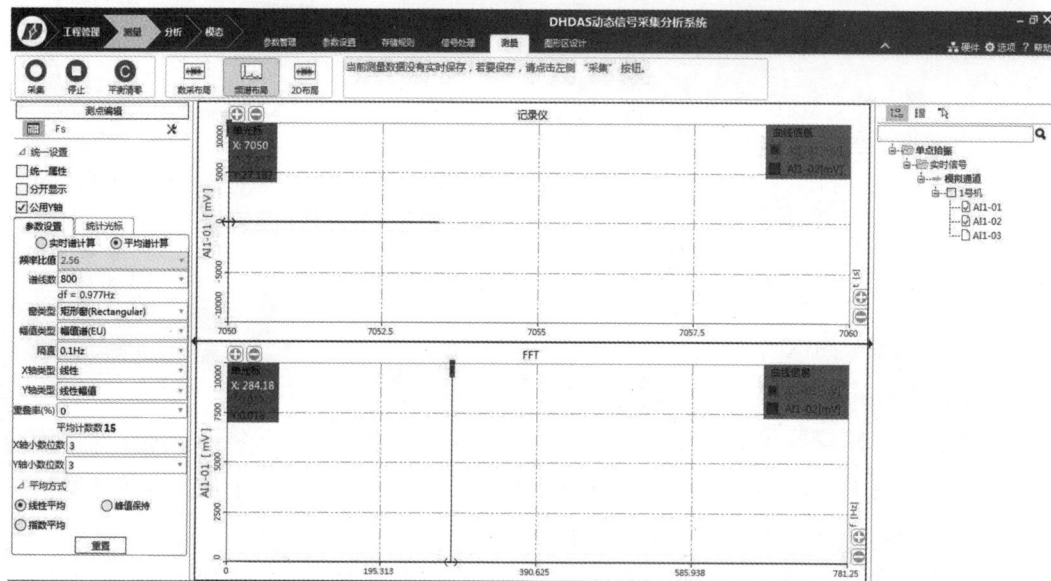

图 2 – 75　参数设置

表 2 - 2 主动隔振器主动隔振测试结果

频率 f/Hz	第一通道振幅 A_1	第二通道振幅 A_2	传递率 η	隔振效率
20				
40				
60				

3. 被动隔振检测试验

（1）隔振器安装

把小的空气阻尼器和质量块组成的被动隔振器用偏心电机底板和螺丝固定在简支梁中部,具体操作为:将被动隔振器放在梁上,将偏心电机底板放在梁下,通过螺丝将偏心电机上的固定孔与被动隔振底板上的孔固定住。

（2）安装激振器

将激振器固定在实验台基座上,并在简支梁上安装力传感器,通过顶杆将激振器与力传感器相连,并用螺母固紧,用专用连接线连接激振器和 DH1301 扫频信号源功率输出接线柱。

（3）连接仪器和传感器

将一个加速度传感器安装在被动隔振器的上面,信号输出接入数据采集仪的 1 - 1 通道,另一个加速度传感器安装在简支梁的下面,并接入数据采集仪的 1 - 2 通道。

（4）仪器参数设置

打开仪器电源,打开 DHDAS 软件,连接成功后,进入软件的工程管理界面新建一个工程文件（工程文件名自定）,进入测量界面,在"测量"—"参数设置"界面中,设置采样频率（为 1 kHz）、设置通道的量程范围、加速度传感器的灵敏度及工程单位,输入方式为 IEPE。请准确输入传感器的灵敏度值。传感器灵敏度根据传感器包装盒所附带的检定证书中给出的灵敏度值进行设置。

进入"测量"界面,选择"频谱布局",在记录仪窗口选择 AI1 - 01、AI1 - 02 通道,在 FFT 窗口选择 AI1 - 01、AI1 - 02 通道。选中 FFT 窗口,在软件左侧选择平均谱,谱线数设置为 400,如图 2 - 76 所示。

（5）测量

逐步调高 DH1301 扫频信号源的输出频率,当被动隔振器产生共振时,即 AI1 - 01 通道的数据曲线幅值最大。在记录仪窗口中,用光标分别读取 AI1 - 01 和 AI1 - 02 通道当前振动的最大值振幅,AI1 - 01 通道的最大值为 A_1,AI1 - 02 通道的最大值为 A_2,在 FFT 窗口,用单光标读取频率值为 f_0,该 f_0 为被动隔振系统的频率。

改变激振频率,分别为 $f = f_0$、$f_0 < f < \sqrt{2}f_0$、$\sqrt{2}f_0 < f < 3f_0$、$3f_0 < f < 6f_0$、$6f_0 < f < 10f_0$、$f > 10f_0$ 时,测量并记录 AI1 - 01 和 AI1 - 02 通道振动的最大值振幅 A_1 和 A_2。

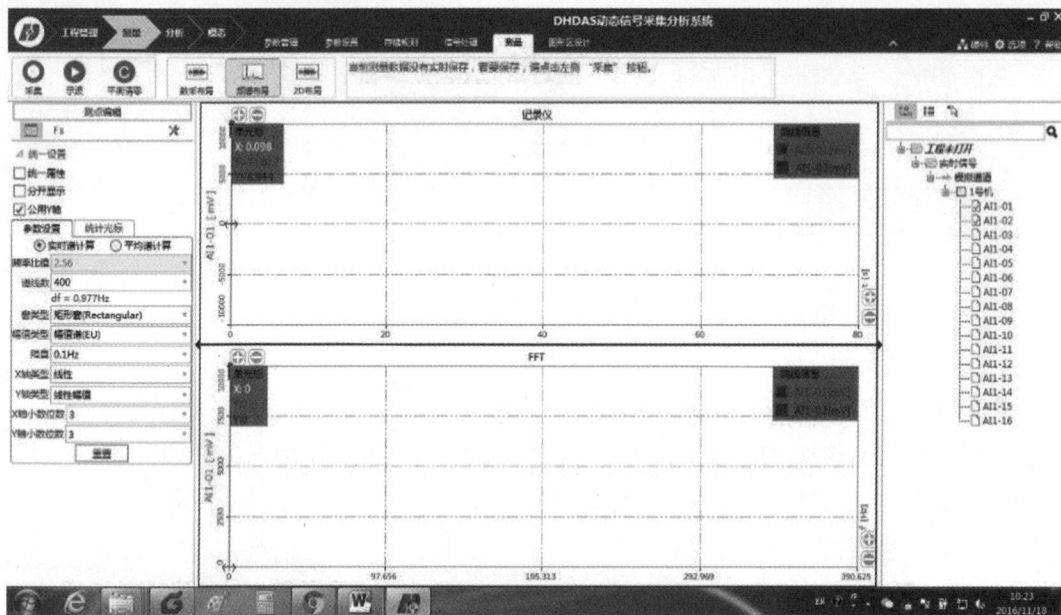

图 2 - 76　参数设置

（6）根据所测幅值计算传递率和隔振效率

传递率：

$$\eta = \frac{A_1}{A_2} \qquad (2 - 67)$$

隔振效率：

$$E = (1 - \eta) \times 100\% \qquad (2 - 68)$$

空气阻尼器隔振器被动隔振测试结果见表 2 - 3。

表 2 - 3　空气阻尼器隔振器被动隔振测试结果

频率范围	激振频率 f	第一通道振幅 A_1	第二通道振幅 A_2	传递率 η	隔振效率
$f = f_0$					
$f_0 < f < \sqrt{2}f_0$					
$\sqrt{2}f_0 < f < 3f_0$					
$3f_0 < f < 6f_0$					
$6f_0 < f < 10f_0$					
$f > 10f_0$					

第四节 旋转机械振动检测

一、转子振动机理

大部分情况旋转机械转子的两个支承点在同一水平线上。假设转子上的圆盘位于转子两个支点的中间,如果转子没有振动,那么圆盘的自重会使得转子轴发生弯曲并变形,从而产生静掠度,这就叫作静变形。静变形较小时对转子正常运行的影响很小,我们可认为轴线 AB 上 O 点与圆盘上的几何中心 O' 是重合的,如图 2-77 所示。在离心力的作用下转子转动后会产生动挠度。这时转子包含有两种运动:一种是弓形转动,就是弯曲轴心线 AO'B 及和轴承连线 AOB 所组成的一个平面绕着 AB 轴线转动;而另一种是转子的自身旋转。

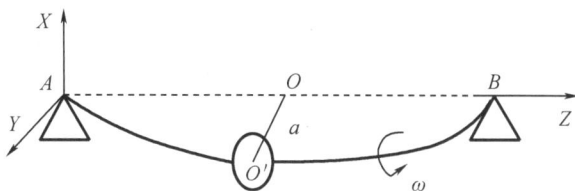

图 2-77 圆盘转子振动示意图

设圆盘质量为 m,其所受弹性力为

$$F = -ka \tag{2-69}$$

式中 k——转子的刚度系数;

a——静止状态下质心 O 与转动状态下转子中心 O' 之间的距离。

转子的动微分方程为

$$\begin{cases} m\ddot{x} = F_x = -kx \\ m\ddot{y} = F_y = -ky \end{cases}$$

$$\begin{cases} \ddot{x} + \dfrac{k}{m}x = 0 \\ \ddot{y} + \dfrac{k}{m}y = 0 \end{cases}$$

令 $\omega_n = \sqrt{k/m}$,则

$$\begin{cases} x = X\cos(\omega_n t + \varphi_x) \\ y = Y\cos(\omega_n t + \varphi_y) \end{cases} \tag{2-70}$$

式中 X、Y——转子振动幅度大小;

φ_x、φ_y——相位。

通常情况下,横向振幅 X 和纵向振幅 Y 大小不等。转子的不平衡、转子的不对中、转子

弯曲和油膜震荡等均会造成转子振动加剧现象的发生。

二、旋转机械振动检验装置

本节以江苏东华 DHRMT 教学转子实验台教学实验系统为例(图 2 – 78),对旋转机械的典型振动测试(径向振动检测、转轴的轴心轨迹、轴心位置测定、转轴的临界转速测量及轴功率测量)进行介绍。通过试验了解旋转机械振动的特点及振动检测方法。

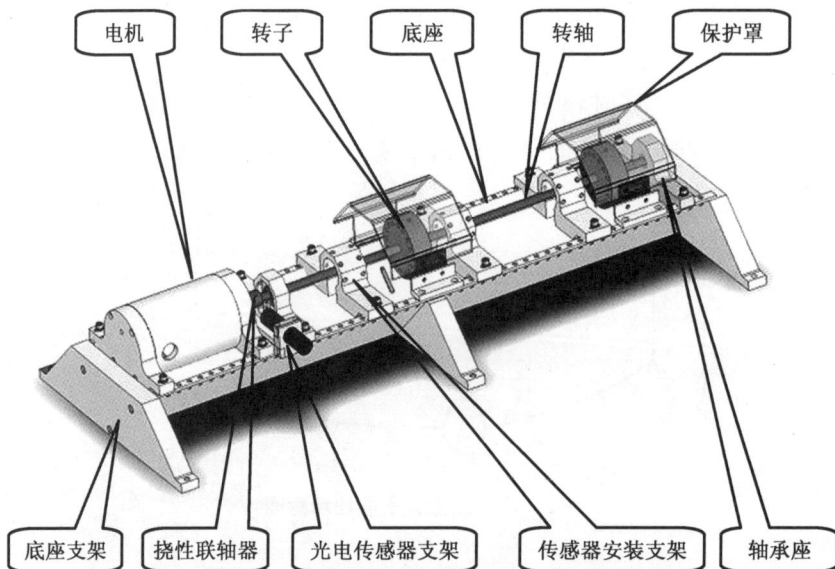

图 2 – 78　DHRMT 教学转子实验台教学实验系统

实验台由以下几部分组成:V 形底座及底座支架、调速电机、传感器及轴承座、挠性联轴器、转轴及转子圆盘等。其中,通过联轴器将电机和转轴连接并驱动转轴转动。该电机额定电流 1.95 A,最大输出功率 148 W,控制器将 220 V AC 输入电源通过控制器调压、整流后输出脉冲宽度调制(PWM)信号供给调速电机,通过调节控制器,可以实现电机从 0 ~ 8 000 r/min 的无级调速。

转子实验台尺寸:长 810 mm,宽 335 mm,高 133 mm;转轴尺寸:长 560 mm,直径 10 mm;转子圆盘参数:直径 78 mm,厚度 25 mm,质量 800 g。转子圆盘、传感器以及轴承可根据需要固定在转轴的任意位置。

①底座及底座支架:用于支撑转子实验台,固定其他零部件。

②电机:电机固定在底座上,通过挠性联轴器和转轴相连,驱动转子系统转动,和控制器配合实现调速功能。

③联轴器:用来连接调速电机和转轴。

④转轴及转子圆盘:构成转子系统,模拟旋转机械的动力特性。

⑤轴承座:用于固定轴承和转轴。

⑥传感器支架,主要有两类:一类用于固定测量转速的光电传感器,在出厂前已安装好;另一类用于固定电涡流位移传感器,由用户安装。

三、转轴的径向振动测量

1. 检测原理

由于转子的质量分布不均或安装误差,转轴总会存在一定的不平衡量,不平衡量在运行过程中会引起转子振动。转子运动过程中的受力分析如图2-79所示。

图2-79中坐标原点为(0,0),O点为两个轴承中心连线上一点,O'点为转轴中心,坐标为(x,y);c点为转子重心,坐标为(x_c,y_c),偏心距$e=O'c$,则转子在转动过程中的运动微分方程为

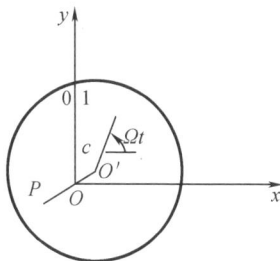

图 2-79　转子不平衡状态受力分析

$$\begin{cases} m\ddot{x}+c\dot{x}+kx=e\Omega^2\cos\Omega t \\ m\ddot{y}+c\dot{y}+ky=e\Omega^2\sin\Omega t \end{cases} \tag{2-71}$$

令$z=x+iy$,则上述方程组可综合为

$$m\ddot{z}+c\dot{z}+kz=e\Omega^2 e^{i\Omega t} \tag{2-72}$$

令$\omega_n=\dfrac{k}{m}$,$\xi=\dfrac{c}{2\sqrt{mk}}$,则

$$\ddot{z}+2\xi\omega_n\dot{z}+\omega_n^2 z=e\Omega^2 e^{i\Omega t} \tag{2-73}$$

设其特解为$z=|A|e^{i(\Omega t-\theta)}$,代入求解

$$|A|=\frac{e\left(\dfrac{\Omega}{\omega_n}\right)^2}{\sqrt{\left[1-\left(\dfrac{\Omega}{\omega_n}\right)^2\right]^2+\left(2\xi\dfrac{\Omega}{\omega_n}\right)^2}} \tag{2-74}$$

$$\tan\theta=\frac{2\xi\left(\dfrac{\Omega}{\omega_n}\right)}{1-\left(\dfrac{\Omega}{\omega_n}\right)^2} \tag{2-75}$$

上述公式说明:在不平衡量激励下,转子的振动信号是与转子系统转动同频,且有一定相位差的正弦信号。电涡流传感器采集到转轴的径向振动信号,将信号通过信号电缆送入转子台控制器,转子台控制器对信号调理后,将信号送入动态数据采集仪,在数据采集仪内实现模拟信号抗混滤波、A/D转换等步骤,转换为上层分析软件可处理的数字信号,最后将数字信号上传到分析软件,实现各种分析功能。

2. 转子台及涡流传感器的安装

将传感器、转子台控制器、数据采集仪、计算机连接成完整的测试系统,如图2-80所示。设置好转子台控制器,主要是设置转子台的最高转速。

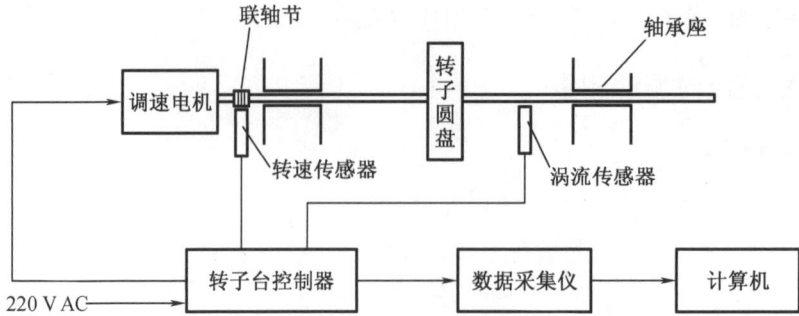

图 2 - 80　转子台测试系统简图

3. 软件准备工作

接通数据采集仪电源,打开电源开关,点击计算机桌面上的软件图标进入软件主界面,选择阶次分析软件。进入阶次分析软件,在采集信号以前首先要进行参数设置,包括采样参数设置、通道参数设置和分析参数设置。

4. 实验

①接通转子台控制器电源,打开控制器开关,启动控制器,使转子台转动起来(操作见说明书第二部分转子台控制器操作说明),使转子台的转速稳定在某一转速值下。

②新建一个窗口,信号类型选择时间波形,观察此时转子台振动的时域波形。

③新建一个窗口,信号类型选择频谱分析,观测当前振动信号的频率 f,用鼠标左键点击软件界面上方工具栏里的 ⊚ 图标弹出转速显示窗口,观测当前的转速值 n,计算转子的转频 $f_1 = n/60$,比较振动信号频率 f 和转子转频 f_1 的关系。

④在当前时间波形类型窗口点击鼠标右键,在弹出的快捷菜单中选择"图形属性",在上面的可选标签中选择"选项标签",选择"统计信息",观测当前窗口时域波形的各项统计指标(包括最大值、最小值、平均值、峰峰值等)。

⑤实验完成后,先停止采样,关闭软件后,停止转子台工作状态,再关掉仪器电源等。

四、转轴的轴心轨迹、轴心位置测定

轴心轨迹、轴心位置非常直观地显示转子在轴承中的旋转和振动情况,是旋转机械在运行过程中的重要状态参数,是旋转机械故障诊断的重要手段。轴心轨迹就是轴心上任意一点相对应轴承座的运动轨迹。对轴心轨迹的测量就是转动主轴的轴线能否有效对中的描述手段。大量故障的信息包含在轴心轨迹形状中。在旋转机械中,识别形状的方法就是两个位移传感器安装在转子轴承的截面上,测出主轴轴心截面 x、y 轴上的位移,绘出平面轴心的轨迹图形。轴心轨迹在测量时所布置的传感器简图如图 2 - 81 所示。

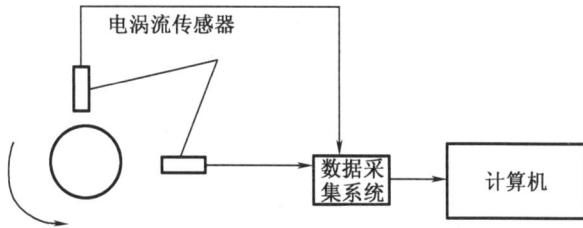

图 2 - 81　轴心轨迹传感器布置简图

1. 检测原理

轴心轨迹是轴心一点相对于轴承座的运动轨迹,它的检测是利用安装在同一截面内相互垂直的两个电涡流传感器对转轴振动测量后得到的。涡流传感器采集的信号输入转子台控制器后,经调理后将信号输入数据采集仪,系统软件得到数字信号后,将信号的交流部分分离出来,X 向信号为横轴,Y 向信号为纵轴,合成转轴的轴心轨迹,如果同时输入键相脉冲信号,便可以观察到带有键相标记的轴心轨迹。

对于刚度横向各向同性的转子系统,在仅有不平衡量的情况下,X、Y 向振动的振幅相等,相位差为 $90°$,此时轴心轨迹应该为圆。但是由于大多数的转子系统的刚度横向各向不同性,在发生故障时,故障原因很复杂,因此 X、Y 向振动的振幅一般不相等,相位差也不是 $90°$,轴心轨迹图形显示为椭圆或更复杂的图形。

两个传感器安装在平面上的两个垂直方向上就能确定径向平面(即测量平面)上轴的运动。假设振动位移 $s_1(t)$ 和 $s_2(t)$ 互相垂直,则测量平面上的动态位移如下:

$$s_k(t) = \sqrt{s_1^2(t) + s_2^2(t)} \qquad (2-76)$$

轴心轨迹的两路位移的信号取它们的原始数据均值,波形去均值是用原始数据减去均值。利用同时上止点的信号来进行圈数的定位,拟合成的轴心轨迹曲线是同一运行情况下的。

图 2 - 82 表示随时间变化的振动位移 $s_1(t)$ 和 $s_2(t)$ 和相应的轴心轨迹的合成,如轴心轨迹是一椭圆,那是由不平衡且单频率的谐波振动引起的。

轴心位置是描述安装在轴承中的转轴平均位置的特征参量。在滑动轴承中,轴心位置是轴承磨损或预载荷的一种指示,通常在旋转机械机组启动过程中,要重点对转轴的轴心位置进行检测。

轴心轨迹是利用涡流传感器信号中的交流成分得到的,轴心位置是利用涡流传感器中信号中的直流成分得到

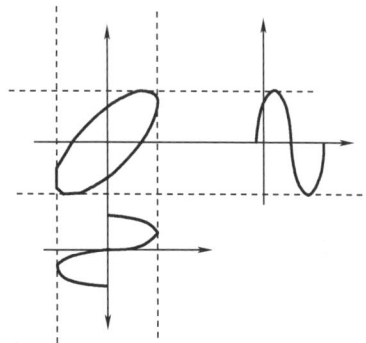

图 2 - 82　轴心轨迹的合成

的,同样是 X 向信号直流成分为横轴、Y 向信号直流成分为纵轴合成转轴的轴心位置。由于在某固定转速下,轴心位置为一个在空间分布范围很小的区域,近似为一个点,所以在系统软件中将 X 向原始信号为横轴、Y 向原始信号为纵轴合成转轴的原始振动图形,并在原始振动图形中标出轴心位置。

2.检测步骤

(1)转子台及涡流传感器的安装

按照说明书第一章的说明,将传感器、转子台控制器、数据采集仪、计算机连接成完整的测试系统,如图2-83所示。

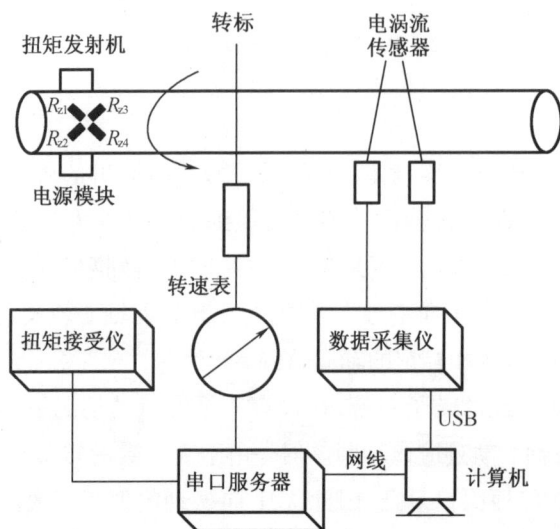

图2-83　测试系统组成图

(2)控制器设置

按照说明书第二章的说明,设置好转子台控制器,主要是设置转子台的最高转速。

(3)软件准备工作

接通数据采集仪电源,并打开电源开关,点击计算机桌面上的软件图标进入分析软件,选择阶次分析软件,进行阶次分析软件的参数设置。

(4)实验

①接通转子台控制器电源,打开控制器开关,启动控制器,使转子台转动起来,并稳定在某一转速。

②打开三个窗口,信号类型分别选择 X、Y 向的振动信号时域波形图和两个通道合成的轴心轨迹图,开始采样,点击鼠标右键,在弹出的下拉菜单上选择 AC 状态,观测轴心轨迹图。

③将鼠标的光标移动到轴心轨迹图上,点击鼠标右键,在弹出的下拉菜单上选择 DC 状态,在原始的振动图形中,观测轴心位置。

④改变转子台转速,观察轴心轨迹、轴心位置的变化。

⑤停止采样,将时域波形图选择切换为重采样波形,轴心轨迹切换至轴心位置,将鼠标的光标移动到重采样波形图上,点击鼠标右键,在弹出的下拉菜单上选择光标,在弹出的级联菜单中选择单光标和光标同步两项,同样的操作在另一个重采样波形显示窗口内打开单

光标,移动某一窗口的光标,观察两个重采样窗口左上方显示的 Y 值和轴心位置图上 X、Y 值的对应关系。

五、扭转振动检测

扭转振动(扭振)具有极大的破坏性,轻者使作用在轴上的扭应力发生变化,增加轴的疲劳损失,降低轴的使用寿命,严重扭振会导致轴系损坏或断裂。扭振测量的研究具有重要的现实意义。扭振是轴系沿周向方向的一种运动状态,可表现为轴系截面应力应变和轴系表面扭转角位移(角速度和角加速度)的往复变化。因此,扭振测量方法主要分为对应力应变的测量和对扭转角位移的测量等。

①应变式扭振测量主要通过在轴系表面粘贴应变片实现(图 2 - 84(a)),将应变片组成应变电桥,当被测轴系存在扭转变形时,应变片的电阻在剪应变的作用下发生变化,对应变电桥的输出电压进行采集和分析即可得到轴系的扭振信息。

②利用振动传感器测量轴系扭振如图 2 - 84(b)所示,在轴系上加装安装盘,盘上间隔 180°的位置安装两台振动传感器。两台振动传感器测量结果(矢量)之和为轴系的扭振信息。

③轴系扭振会导致轴系瞬时转速发生波动,可通过测量轴系的瞬时转速进行扭振分析,测试原理如图 2 - 84(c)所示。在轴系上分别安装测速齿轮和鉴相点,通过转速传感器分别输出齿轮脉冲和鉴相脉冲,其中,齿轮脉冲代表轴系的转速波动,鉴相脉冲为轴系扭转提供基准点,通过对二者进行分析处理,可获得轴系的扭振信息。

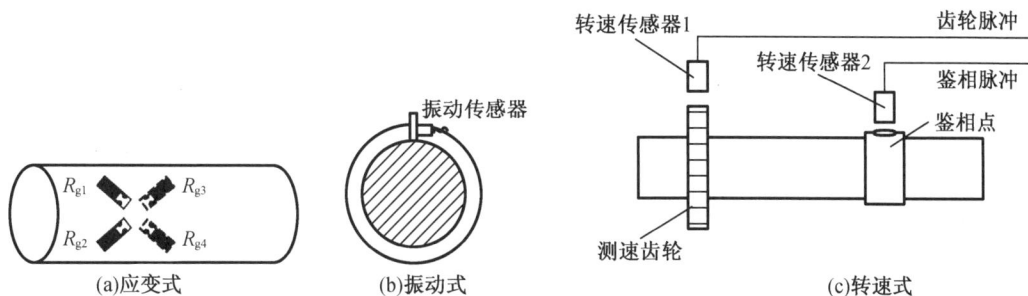

图 2 - 84 3 种常用扭振测量方法

理论上看,这 3 种测量方法都能获得准确的扭振信息,但在实际测量中,每种方法都存在一定的局限性。

①应变片直接粘贴的方式具有较高的测量灵敏度,但会因粘贴带来测量偏差,且粘贴的差异性会导致测量的准确性难以评估。

②振动式扭振测量法可实现弯、扭解耦测量,且两台传感器同时测量,能使输出信号的幅值扩大 2 倍,提高了测量精度;但经过安装盘的传递,振动信号的测量误差较大,且安装盘随轴系一起旋转,长期工作的可靠性较低。

③转速式测量方法可在一个圆周分度上测得与齿数相关的脉冲数据,准确描述旋转轴系的扭振信息。测试用传感器可以是磁电式和光电式转速传感器,且在测量过程中不会干扰轴的正常运转,适合长期监测。但这种方法要求轴上具备较大的空间,以便齿轮和鉴相点的安装,因此不利于紧凑轴系的扭振测量。

下面主要介绍应变式扭振测量法。

通过应变式扭矩传感器的运用,根据电阻应变片的阻值变化来测量扭矩的大小。由四个应变片连接构成电阻全桥式电桥,桥臂上四个完全相同的应变片全部用作应变计,得电桥输出电压为

$$U_y = \frac{(R_1 + \Delta R_1)(R_3 + \Delta R_3) - (R_2 + \Delta R_2)(R_4 + \Delta R_4)}{(R_1 + \Delta R_1 + R_2 + \Delta R_2)(R_3 + \Delta R_3 + R_4 + \Delta R_4)} U_0$$

$$U_y \approx \frac{U_0}{4}\left(\frac{\Delta R_1}{R_1} - \frac{\Delta R_2}{R_2} + \frac{\Delta R_3}{R_3} - \frac{\Delta R_4}{R_4}\right) = \frac{U_0}{4} K(\varepsilon_1 - \varepsilon_2 + \varepsilon_3 - \varepsilon_4)$$

$$\varepsilon = \frac{4U_y}{U_0 K}$$

式中　U_0——桥路输入电压;

　　　U_y——桥路输出电压;

　　　K——应变片灵敏度系数;

　　　ε——输出应变。

得到切应力 τ:

$$\tau = \frac{E}{4(1+\mu)}\varepsilon$$

式中　E——测点轴系材料的弹性模量;

　　　μ——测点轴系材料的泊松比。

进一步计算即可得到对应扭矩 M:

$$M = W\tau$$

式中　W——轴系抗扭截面模数。

扭矩测量界面如图 2 - 85 所示。左上方为通道选择区域,可选多个应变通道进行分析。在左下方的输出窗口内设置通道名称和曲线颜色,通道名称为测量界面内信号选择列表中对应通道显示的名称。右上方为输出参数设置,根据试件尺寸与材料,输入轴外径、轴内径、弹性模量和泊松比。右下方为预览窗口,选择不同的输入通道,可在此窗口中观察到对应的分析结果。

测量界面内,通过记录仪视图观察分析结果。

对检测的扭振原始信号可以进一步做深入的数据分析处理,以得到更好的处理结果。对于波形数据处理具体技术,本节不做介绍。

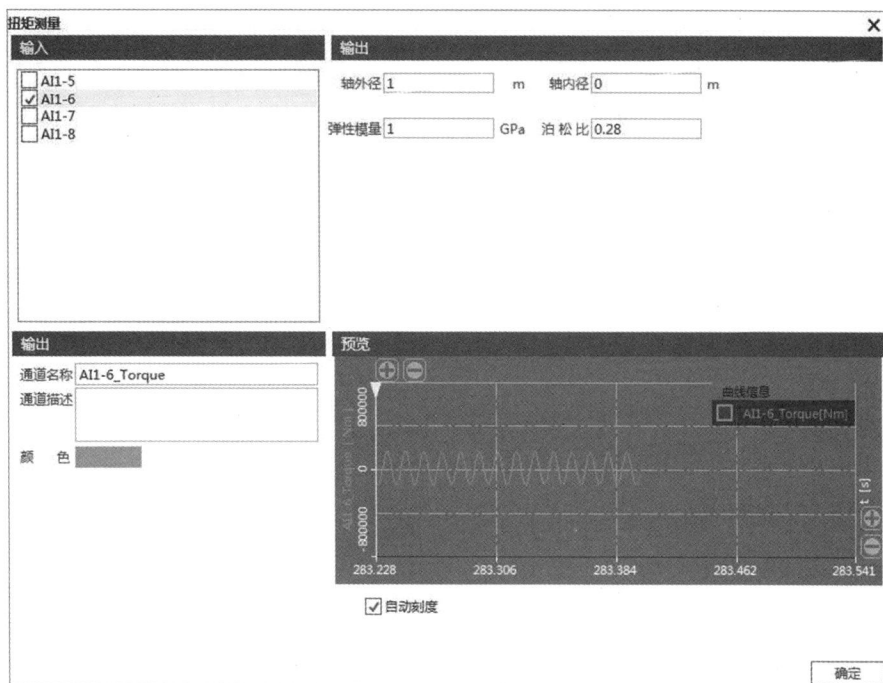

图 2 - 85　扭矩测量界面

六、轴功率检测

随着船舶向大型化、高速化和自动化方向发展,船舶的快速性、高效益、经济性等已成为造船的重要指标。作为计算转换效率的重要手段,轴功率测量已成为船厂及船东验收新造船舶的主要参数。通过对主机不同工况下轴功率的测量,可以了解及检验船体 - 主机 - 推进器三者之间的匹配情况,同时也可对旧船船 - 机 - 桨工作状态及故障做出诊断。轴功率测量已成为各大船厂新造船舶以及旧船改造必须进行测量的项目之一。

通过测试可以了解新建船舶主机轴功率、船舶大修后主机轴功率、船舶设备或结构较大改进后主机轴功率、当影响到船舶吃水或者航行阻力时的轴功率,以及当主机转轴转速不能提高或者轴系出现异常运行工况的轴功率,以便找到原因进行调整或修理。

1. 轴功率测量原理

轴功率的测量一般是先测量轴的扭矩和转速,再通过计算间接获得轴功率。轴功率计算公式如下:

$$P = T\omega = T\frac{2\pi n}{60} \approx \frac{Tn}{9\ 550} \qquad (2 - 77)$$

2. 轴的扭矩测量

本节轴功率检测采用江苏东华 DH5957 动态信号测试分析系统进行检测,该系统可同时进行无线遥测轴扭矩与转速,技术性能参数见表 2 - 4。该测试分析系统如图 2 - 86 所示,主要由采集模块、电源模块等组成。

表 2-4　DH5957 主要技术性能参数

性能	参数
工作方式	差动输入、IEPE 输入
满度值	±25 mV、±250 mV、±2 500 mV
频响	0.5 Hz~1 kHz
系统不确定度	不大于 1%
应变通道线性度	满度的 0.1%
IEPE 通道线性度	满度的 0.1%
转速测量范围	30~3 600 r/min
转速测量精度	小于 0.05% ±1 转
模数转换器分辨率	16 位 $\Sigma - \triangle$ A/D 位
通信方式	Wi-Fi 无线网络
连续采样速率	128 Hz、256 Hz、512 Hz、1.28 kHz、2.56 kHz
供电方式	DC 5 V
工作时间	3 h 以上

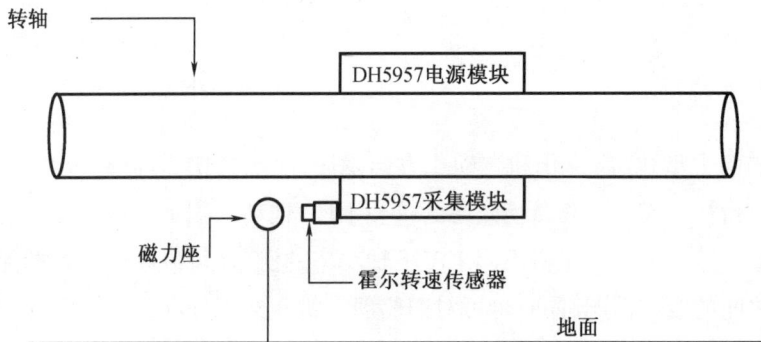

图 2-86　DH5957 动态信号测试分析系统

　　扭矩检测原理:根据材料力学知识可得轴系扭转时,最大扭应力在与轴线呈 45°角方向上产生,因此应变片应在轴表面与轴线呈 45°角方向上进行贴片。因应变全桥具有灵敏度高,各桥路相互补偿,可不受拉、弯变形及温度影响等优点,扭应力测量一般选择全桥法。应变片布置如图 2-87 所示。

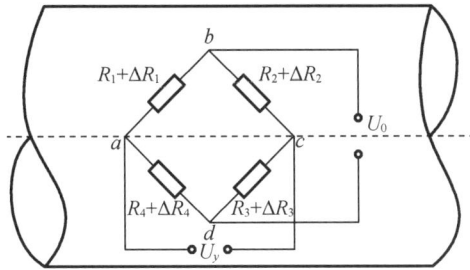

图 2 – 87　应变片布置

3. 测试结果

轴功率测量设置界面如图 2 – 88 所示。左上方为通道选择区域,可选多个扭矩通道进行分析。在左下方的输出窗口内设置通道名称、曲线颜色和单位,通道名称为测量界面内信号选择列表中对应通道显示的名称。右上方为输出参数设置,选择当前测量的转速通道;右下方为预览窗口,选择不同的输入通道,可在此窗口中观察到对应的分析结果。测量界面内,通过记录仪视图观察分析结果。

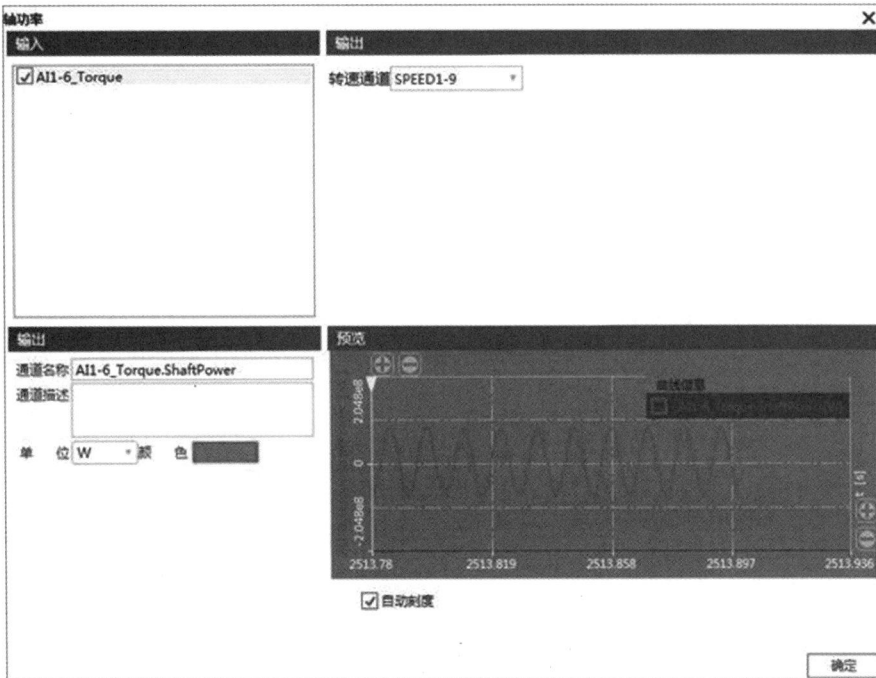

图 2 – 88　轴功率测量设置界面

第三章 噪声检测技术基础

第一节 噪声检测基础知识

一、噪声基础知识

1. 噪声的危害

噪声是指发声体做无规则振动时发出的声音。从环保角度看,凡是妨碍人们正常休息、学习和工作的声音,都属于噪声。

噪声会对听力造成损伤。短时间的高噪声环境会造成暂时性听力损伤。长期在高噪声环境下工作,会造成噪声性耳聋。噪声还会作用于人的中枢神经系统,引起心跳加快、神经官能症、肠胃病和溃疡病等,严重影响身体健康。

噪声会影响人的睡眠。常见的交通噪声范围为 $70 \sim 85$ dB、火车噪声约为 75 dB、飞机噪声为 $95 \sim 120$ dB、工厂噪声为 $60 \sim 70$ dB、建筑施工噪声为 $80 \sim 90$ dB,这些噪声均会影响居民的睡眠。

特强噪声能损害仪器设备和建筑物。高噪声超过 135 dB 时会使电子仪器发生故障;超过 150 dB 时元器件可能损坏。特强噪声会使材料或结构产生疲劳而断裂(即声疲劳现象)。超过 140 dB 的高噪声,如超音速飞机低空掠过时引起的轰鸣声,会使建筑物门窗损坏、墙面开裂、屋顶掀起、烟囱倒塌等。

对噪声控制的目的就是要获得适当的声学环境,把噪声污染限制在可容许的范围内。

2. 声波及其描述

要了解噪声,首先需要对声音有一定的了解。

声音是由物体的机械振动而产生的。振动的物体称为声源,它可以是固体、气体或液体。声音可以通过介质(空气、固体或液体)进行传播,形成声波。当声波到达人耳,人们就听到声音,声波在传播过程中可能会产生反射、绕射、折射和干涉。

衡量声音强度的常用参数有声压、声压级、声强、声功率级等。

(1)声压与声压级

声音有强弱之分,并用声压 p 来表示其大小,声波所引起的介质压强的变化量称声压,即 $p = P - P_0$,声压是空间坐标和时间的函数,即

$$p_t = p(x, y, z, t)$$

声压的单位是 Pa(帕),1 Pa = 1 N/m^2,一个大气压等于 1.013×10^5 Pa。

人耳对 1 kHz 声音的可听阈值约为 2×10^{-5} Pa。

声压可用传声器或水听器来测量,其大小可用瞬时值和有效值来表示。

瞬时声压 P_t：声场中某一瞬时的声压值。

峰值声压 P_p：一定时间间隔内最大的瞬时声压值。

有效声压 P_e：一定时间间隔内,瞬时声压对时间取均方根值,即

$$P_e = \sqrt{\frac{1}{T}\int_0^T P^2 dt} \tag{3-1}$$

由于声压变化范围大,例如人耳刚能听到的最小声压为 2×10^{-5} Pa,而喷气式飞机附近的声压可达数百帕,两者相差数百万倍;同时考虑人耳对声音强弱反应的特性,用对数方法将声压分为百十个级,称为声压级。声压级的定义是:声压与参考声压之比的常用对数乘以 20,单位是 dB(分贝),即

$$L_P = 20\lg\frac{p}{P_0} \tag{3-2}$$

式中,p 为声压(Pa);$P_0 = 2 \times 10^{-5}$ Pa,是参考声压,它是人耳刚刚可以听到声音的声压。

声压级和声压的对应关系如图 3-1 所示。

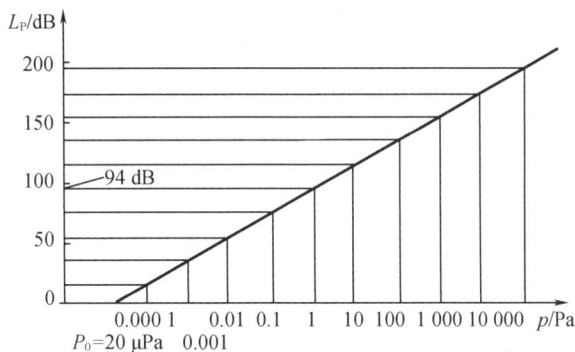

图 3-1　声压级和声压的对应关系

注:20 μPa 是人耳的听觉下限。

声压级是评价接受者在特定环境、距离对声音的感受,用 L_P 表示。人能感受到的最小声压为 $P_0 = 2 \times 10^{-5}$ N/m²,即 20 μPa。

声强级主要用于对声音传播路径中的声音强度进行评价,用 L_i 表示。

声功率级用于对声源本身进行评价,用 L_w 表示。

(2)声强和声功率

声强是在垂直于声波传播方向上,单位时间内通过单位面积的声能,以 I 表示,单位是 W/m²。声强与声压的平方成正比,对于平面波声场,声强 I 和声压 p 的关系用下式表示:

$$I = \frac{p^2}{\rho c} \tag{3-3}$$

式中,ρ 是介质密度;c 是声速;ρc 为介质的特性阻抗。

声源在单位时间内辐射的总声能,称为声源的声功率,用 W_p 表示,单位是 W(瓦),它等于包围声源的一个封闭面上的声强总和:

$$W_P = \oint_s I_n \mathrm{d}s \qquad\qquad (3-4)$$

式中,积分号表示在封闭面 s 上进行求和积分; I_n 是声强在面积元 $\mathrm{d}s$ 法线方向的分量。

在自由声场中,声波无反射地自由传播,点声源向四周辐射球面波,其声功率为

$$W_P = I_r 4\pi r^2 \qquad\qquad (3-5)$$

式中, I_r 是距点声源为 r 处的声强。如果声源在开阔空间的地面上,声波只向半球面辐射,此时

$$W_P = I_r 2\pi r^2 \qquad\qquad (3-6)$$

这里 I_r 是在半径等于 r 的半球面上的平均声强。

声波振动的快慢用频率 f 来表示,单位是 Hz(赫兹),它表示物体在 1 s 内振动的次数。频率的倒数为振动周期 T,单位是 s(秒)。人类只能听到 20 ~ 20 000 Hz 的声音,低于 20 Hz 的声音为次声,高于 20 000 Hz 的声音为超声。

声波的幅值随时间的变化图称为声波的波形。如果波形是正弦波,则称为纯音,如 1 000 Hz 声音就是指频率为 1 000 Hz 的纯音。纯音的声波可以用下述函数描述:

$$p = A\sin(\omega t + \theta) \qquad\qquad (3-7)$$

式中　A——幅值;

　　　　ω——角频率, $\omega = 2\pi f$;

　　　　f——频率;

　　　　θ——初始相位。

3. 噪声的分类

声音波形如果是不规则的或随机的,则称为噪声。

当噪声的幅值对时间的分布满足正态(高斯)分布曲线,则称为"无规噪声"。如果在某个频率范围内单位频带宽度噪声的强度与频率无关,也就是具有均匀而连续的频谱,则此噪声称为"白噪声"。如果每单位频带宽度噪声的强度以每升高一倍频程下降 3 dB 而变化,则此噪声称为"粉红噪声",粉红噪声是在等比带宽内能量分布相等的连续谱噪声。

在通常情况下,往往把那些不希望听见的声音称为噪声,如环境噪声、交通噪声等。钢琴声是乐声,但对于正在学习或睡觉的人就成了扰人的噪声。

按照声源的不同,噪声可以分为机械噪声、空气动力性噪声和电磁性噪声。

机械噪声主要是由固体振动而产生的,在机械运转中,由于机械撞击、摩擦、交变的机械应力以及运转中动力不平均等原因,机械的金属板、齿轮、轴承等发生振动,从而辐射机械噪声,如机床、织布机、球磨机等产生的噪声。

空气动力性噪声主要指当气体与气体、气体与其他物体(固体或液体)之间做高速相对运动时,由于黏滞作用引起了气体扰动而产生的噪声(如各类风机进排气噪声、喷气式飞机的轰声、内燃机排气、储气罐排气所产生的噪声,爆炸引起周围空气急速膨胀等)。

电磁性噪声是由磁场脉动、磁致伸缩引起电磁部件振动而发生的噪声,如变压器产生的噪声。

按照时间变化特性,噪声可分为四种情况:

①噪声的强度随时间变化不显著,称为稳定噪声(图3-2(a)),如电机、织布机的噪声。

②噪声的强度随时间有规律地起伏,周期性地出现,称为周期性变化噪声(图3-2(b)),如蒸汽机的噪声。

③噪声随时间起伏变化无一定的规律,称为无规噪声(图3-2(c)),如街道交通噪声。

④如果噪声突然爆发又很快消失,持续时间不超过1 s,并且两个连续爆发声之间间隔大于1 s,则称为脉冲噪声(图3-2(d)),如冲床噪声、枪炮噪声等。

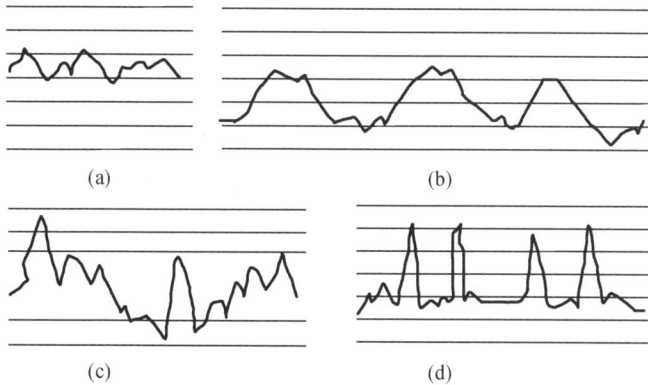

(a)　　　　　　　　　　(b)

(c)　　　　　　　　　　(d)

图3-2　噪声的时间特性

4. 噪声的频谱

实际上,任何机器运转时的噪声都是不止一个频率的声音,它们是从低频到高频无数频率成分的声音的大合奏。有的机器高频率的声音多一些,听起来高亢刺耳,如电锯、铆钉枪,它们辐射的主要噪声频率在1 000 Hz以上,称为高频噪声。有的机器低频率的声音多一些,如空压机、汽车,辐射的噪声低沉有力,其主要噪声频率多在500 Hz以下,称为低频噪声。而高压风机的噪声主要频率在500~1 000 Hz,称为中频噪声。有的机器较为均匀地辐射从低频到高频的噪声,如纺织机噪声,称为宽频带噪声。

噪声的主要特点是:具备一定强度(可用声压表示);具有不同频率成分(可用频谱表示)。把机器的所有频率成分的声音的声压一一分析出来,虽然技术上可以办得到,但并没有太大必要。为了方便,并根据人耳对声音频率变化的反应,人们把可听到的频率范围分成数段,按每段内的声音强度进行分析。可以使用滤波器进行频率分选,滤波器只能允许一定范围的频率成分通过,其他频率成分被衰减掉。

在声学测量中常常使用的是带通滤波器,带通滤波器只允许一定频率范围(通带)内的信号通过,高于或低于这一频率范围的信号不能通过。

图3-3中虚线画出了理想带通滤波器的幅度频率特性,在f_1至f_2频率范围(通带)内信号不衰减,f_1以下及f_2以上频率范围(阻带)信号全部被衰减到0。f_1和f_2分别称为滤波器的下限截止频率和上限截止频率。但是,实际滤波器在通带内不可能没有衰减,在阻带内亦不可能衰减到0。图3-3亦画出了实际滤波器的幅度频率特性(实线),一般认为实际滤波

器的幅频特性降低到 0.707(−3 dB)处为其通带范围,即在截止频率 f_1 和 f_2 处幅度衰减到 0.707,即所谓半功率点。

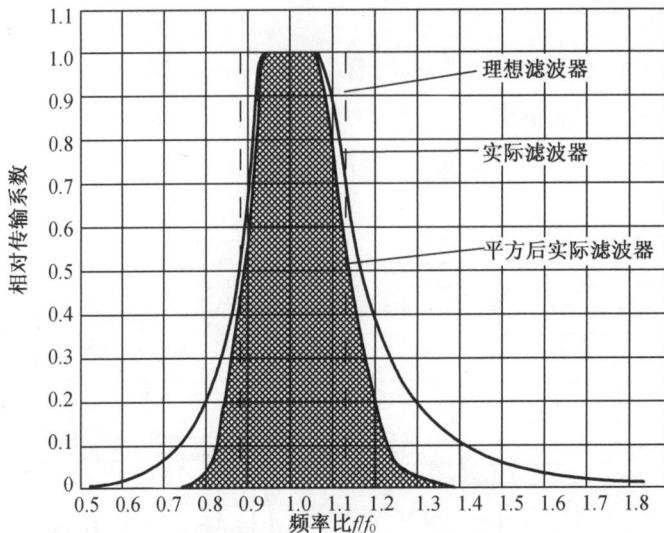

图 3 −3　滤波器的幅度频率特性

　　带通滤波器又分为恒带宽滤波器和恒百分比带宽滤波器。恒带宽滤波器是每一个滤波器的带宽是恒定的,例如 6 Hz、10 Hz;而恒百分比带宽滤波器是每一个滤波器的带宽是恒定的百分比,例如 3%、10%。

　　倍频程和 1/3 倍频程滤波器是常用的恒百分比带宽滤波器。所谓一个倍频程,就是上限频率 f_2 比下限频率 f_1 高一倍,例如从 707 ~ 1 414 Hz 就是一个倍频程。但是 1/3 倍频程并不是上限频率比下限频率高 1/3 倍,而是上限频率为下限频率的 $2^{1/3}$ 倍。一般说来,$f_2/f_1 = 2^n$,式中 n 可以是整数,也可以是分数;可以是正数,也可以是负数。当 n 是正数时表示 f_2 比 f_1 高,当 n 是负数时表示 f_2 比 f_1 低。$n = 1$ 即为 1 倍频程,$n = 1/3$ 即为 1/3 倍频程。f_2 和 f_1 的中心频率 f_0 为

$$f_0 = \sqrt{f_1 f_2} \tag{3 −8}$$

　　同样,知道了 f_0 就可以求出 f_1 和 f_2。对于倍频程来说,$f_2 = \sqrt{2} f_0 = 1.414 f_0$,$f_1 = (1/\sqrt{2}) f_1 = 0.707 f_0$,对于 1/3 倍频程,$f_2 = \sqrt[6]{2} f_0 = 1.123 f_0$,$f_1 = (1/\sqrt[6]{2}) f_0 = 0.89 f_0$。

　　为了统一起见,国际标准化组织(ISO)规定了倍频程和 1/3 倍频程的中心频率,倍频程的频率范围见表 3 −1。由表 3 −1 可以看出十个倍频程包括了声频的整个频率范围。GB/T 3241—2010《电声学 倍频程和分数倍频程滤波器》标准规定了滤波器的中心频率、频带宽度和衰减特性等要求。该标准按特性要求不同而将滤波器分为 0,1,2 三个级别。

表 3 - 1 倍频程的频率范围

中心频率/Hz	31.5	63	125	250	500
频率范围/Hz	22.5 ~ 45	45 ~ 90	90 ~ 180	180 ~ 354	354 ~ 707
中心频率/Hz	1 000	2 000	4 000	8 000	16 000
频率范围/Hz	707 ~ 1 414	1 414 ~ 2 828	2 828 ~ 5 656	5 656 ~ 11 212	11 212 ~ 22 424

以中心频率(Hz)为横坐标,以声压级(dB)为纵坐标,作出噪声按倍频带或 1/3 倍频带的声压分布图,图 3 - 4 和图 3 - 5 分别画出两种机器的倍频带和 1/3 倍频带噪声频谱。在噪声控制工作中,了解噪声源的频谱可对症下药,有效合理地降低噪声。

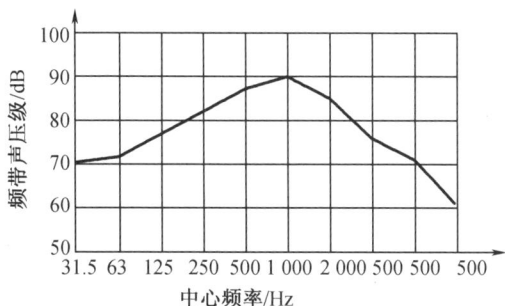

图 3 - 4 空压机噪声频谱图

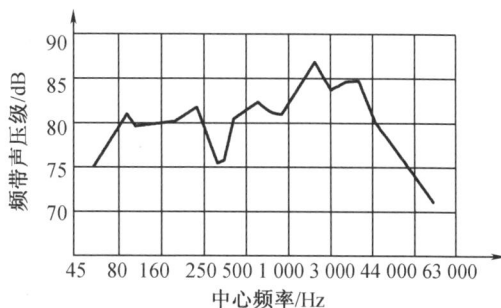

图 3 - 5 离心鼓风机噪声频谱图

5. 噪声的评价参数

(1)响度级和响度

声压和声强都是客观物理量,声压越高,声音越强;声压越低,声音越弱,但是它们不能完全反映人耳对声音的感觉特性。为了既考虑到声音的物理量效应,又考虑到声音对人耳听觉的生理效应,把声音的强度和频率用一个量统一起来,人们仿照声压级引出了一个响度级的概念。

1947 年国际标准化组织确定了响度(S)及响度级(LN)的定义,其表达式分别为

$$响度\ S = 2\frac{LN-40}{10} \qquad (3-9)$$

$$\lg S = 0.03(LN-40) \qquad (3-10)$$

式中,S 为响度,单位:song(宋);LN 为响度级,单位:phon(方)。

(2)计权声压级

声压级只反应声音强度对人响度感觉的影响,不能反映声音频率对响度感觉的影响。于是人们又提出了计权声压级的概念。计权声压级就是用一定频率计权网络测量得到的声压级,简称声级。

常用的计权声压级有 A、C 计权声压级,其中最常用的是 A 计权。A 计权是为模仿响度级为 40 phon 的等响曲线的倒置曲线,它对低频声(500 Hz 以下)有较大衰减。C 计权是为模仿响度级为 100 phon 等响曲线的倒置曲线,主要用于评价特别响或者特别低频的噪声。

图 3 – 6 为频率与计权声压级的相对响应曲线。

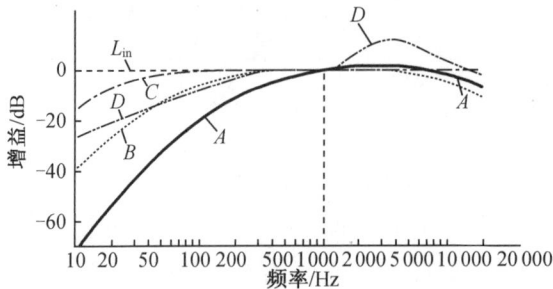

图 3 – 6   频率与计权声压级的相对响应曲线

（3）时间平均声级或等效连续声级 L_{eq}

起伏的或不连续的噪声和间歇接触噪声与一直接触噪声对人的影响也不一样，因为人所接触的噪声能量不一样。为此用噪声能量平均的方法来评价噪声对人的影响，这就是时间平均声级或等效连续声级，用 L_{eq} 表示。仍用 A 计权，故亦称等效连续 A 声级 L_{Aeq}。

等效连续 A 声级定义：在声场中某一定位置上，用某一段时间能量平均的方法，将间歇出现的变化以一个 A 声级来表示该段时间内的噪声大小，并称这个 A 声级为此时间段的等效连续 A 声级，即

$$L_{eq} = 10\lg\left\{\frac{1}{T}\int_0^T \left[\frac{P_A(t)}{P_0}\right]^2 dt\right\} = 10\lg\left(\frac{1}{T}\int_0^T 10^{0.1L_A} dt\right) \tag{3 – 11}$$

式中，$P_A(t)$ 是瞬时 A 计权声压；P_0 是参考声压（2×10^{-5} Pa）；L_A 是变化 A 声级的瞬时值，单位为 dB；T 是某段时间的总量。

实际测量噪声是通过不连续的采样进行测量，假如采样时间间隔相等，则

$$L_{eq} = 10\lg\left(\frac{1}{N}\sum_{i=1}^n 10^{0.1L_{Ai}}\right) \tag{3 – 12}$$

式中，N 是测量的声级总个数；L_{Ai} 是采样到的第 i 个 A 声级。对于连续的稳定噪声，等效连续声级就等于测得的 A 声级。

（4）声暴露级 L_{AE}

对于单次或离散噪声事件，如锅炉超压放气、飞机的一次起飞或降落过程、一辆汽车驶过等，可用"声暴露级" L_{AE} 来表示这一噪声事件的大小：

$$L_{AE} = 10\lg\left[\frac{1}{t_0}\int_{t_1}^{t_2}\frac{P_A^2(t)}{P_0^2}dt\right] \tag{3 – 13}$$

式中，$P_A(t)$ 为声压；P_0 为参考声压级；$(t_2 - t_1)$ 为该噪声事件对声能有显著贡献的足够长的时间间隔；t_0 为参考时间，一般取 t_0 为 1 s。如一单次噪声事件的时间过程如图 3 – 7 所示，则在确定 $(t_2 - t_1)$ 的时间间隔时，可取最高声级以下降低 10 dB 以内的总能量计算，就不会引起较大的误差。如果用积分式声级计进行声暴露级的自动测量，就可按此原则进行设计。声暴露级本身是单次噪声事件的评价量，此外，知道了单次噪声事件的声暴露级，也可由它

计算 T 时段内的等效声级。

如果在 T 时段内有 n 个单次噪声事件,其声暴露级分别为 L_{AEi},则 T 时段内的等效声级为

$$L_{Aeq,T} = 10\lg\left[\frac{t_0}{T}\sum_{i=1}^{n}10^{0.1L_{AHi}}\right] \quad (3-14)$$

(5)噪声暴露量(噪声剂量)

一个人在一定的噪声环境下工作,也就是暴露在噪声环境下时,噪声对人的影响不仅与噪声的强度有关,而且与噪声暴露的时间有关。为此,提出了噪声暴露量,并用 E 表示,单位是 $Pa^2 \cdot h$。噪声暴露量 E 定义为噪声的 A 计权声压值平方的时间积分,即

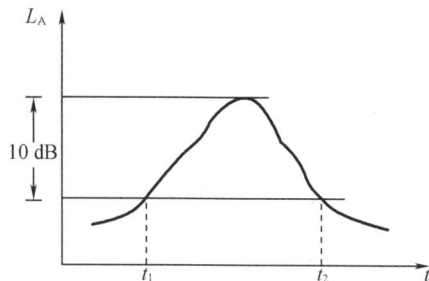

图 3 - 7　单次噪声声件

$$E = \int_0^T [P_A(t)]^2 dt \quad (3-15)$$

式中,T 是测量时间,h;$P_A(t)$ 是瞬时 A 计权声压。假如 $P_A(t)$ 在试验期保持恒定不变,则

$$E = P_A^2 T \quad (3-16)$$

1 $Pa^2 \cdot h$ 相当于 84.95 ~ 85 dB 声级暴露了 8 h,《工业企业噪声卫生标准》(试行草案)中,规定工人每天工作 8 h,噪声声级不得超过 85 dB,相应的噪声暴露量为 1 $Pa^2 \cdot h$。如果工人每天工作 4 h,允许噪声声级增加 3 dB,噪声暴露量仍保持不变。某一时间内的等效连续声级(L_{eq})与噪声暴露量(E)之间的关系为

$$L_{eq} = 10\lg\frac{E}{TP_0^2}(dB) \quad (3-17)$$

有的国家将噪声暴露量用噪声剂量来表示,并以规定的允许噪声暴露量作为 100%,例如以 1 $Pa^2 \cdot h$ 作为 100%,则 0.5 $Pa^2 \cdot h$ 噪声剂量为 50%,2 $Pa^2 \cdot h$ 为 200%。

(6)标准偏差和噪声污染级

标准偏差 SD(或 S)也可表示噪声起伏大小:

$$SD = \sqrt{\frac{1}{n-1}\sum_{i=1}^{n}(\bar{L}_A - L_{Ai})^2} \quad (3-18)$$

式中,$\bar{L}_A$ 为整个采样时间内所有 A 声级的算术平均值;L_{Ai} 为第 i 个瞬时 A 声级,N 为总的采样次数。噪声污染级 NPL 也是用以评价噪声对人影响的一种方法,它是用噪声能量平均值 L_{eq} 和标准偏差 SD 来表示的:

$$NPL = L_{eq} + 2.56SD(dB) \quad (3-19)$$

在正态分布条件下,噪声污染级可用累积百分声级来表示:

$$NPL = L_{50} + d + \frac{d^2}{60}(dB) \quad (3-20)$$

式中,L_{50} 相当于平均噪声级,又称中央值;$d = L_{10} - L_{90}$。如果测量是按一定时间间隔(例如每 5 s 一次)读取指示值,那么 L_{10} 表示有 10% 的数据比它高时的累积百分声级,L_{50} 表示有 50% 的数据比它高时的累积百分声级,L_{90} 表示有 90% 的数据比它高时的累积百分声级。

(7)噪声评价数 NR

噪声评价数 NR 是国际标准化组织 1961 年推荐的方法,它由图 3-8 的一簇噪声评价数曲线(即 NR 曲线)所组成,并推荐了作为听力损伤、会话干扰、烦恼的噪声评价数 N。近年来各国规定的噪声标准,都是以 A 声级(或等效连续 A 声级)作为评价标准。对于大多数噪声(航空噪声例外),$NR = L_A - 5$。如保护听力标准为 85 dB,即相当于 $N-80$,由 $N-80$ 曲线即可知各倍频带声压级的允许标准。求噪声评价数的方法是把各倍频带声压级画在图上,超过这些值的最低曲线的 NR 值即所求的值。对听力保护和语言可懂度,只用 500 Hz,1 000 Hz,2 000 Hz 三个倍频带。

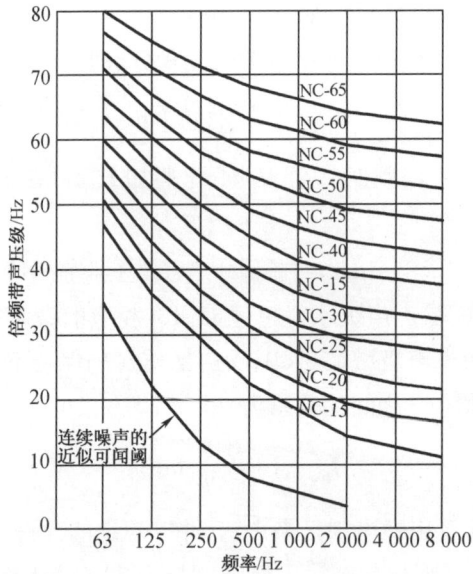

图 3-8 噪声评价曲线

二、噪声的检测仪器与系统

1. 声级计

声级计是根据国际标准和国家标准按照一定的频率计权和时间计权测量声压级的仪器,它是声学测量中最基本、最常用的仪器,适用于室内噪声、环境保护、机器噪声、建筑噪声等各种噪声测量。根据国际标准 IEC 61672-1:2013 和国家计量检定规程 JJG 188—2017,声级计分为 1 级和 2 级两种。在参考条件下,1 级声级计的准确度为 ±0.7 dB。2 级声级计的准确度为 ±1 dB(不考虑测量不确定度)。

2270 型声级计(图 3-9)是丹麦 B&K 公司的第四代手持式分析仪。2270 型声级计集测量、分析功能于一体,其带有的声级计软件可以同时测量 A 和 C 频率计权的声级,可以同时进行 F、S 和 I 时间计权,还可以进

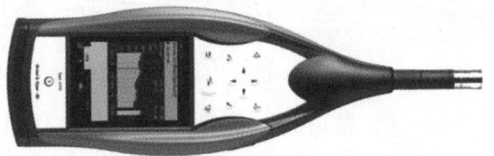

图 3-9 丹麦 B&K 公司生产的 2270 型声级计

行完整的统计量计算,动态检测范围超过 120 dB。

2270 型声级计还具有环境噪声评估和监测、建筑声学测量、声学与振动 FFT 分析、降噪分析、1/1 和 1/3 倍频程声学实时分析、宽带参数与频谱时间历程分析等功能。

2270 型声级计是满足 IEC 61672 - 1:2013 声级计标准的 1 级声级计,其具有的双独立通道可以同时测量两个位置的所有常用声学参数,包括 1/3 倍频程频率分量。在需要进行多点测量的应用中可提高工作效率,在两个位置同时有声音入射时(图 3 - 10),可进行声间屏蔽性能验证、双耳测量、同时外部与内部测量、室内地板与墙体的隔声性能测量、户外噪声传播测量等功能。

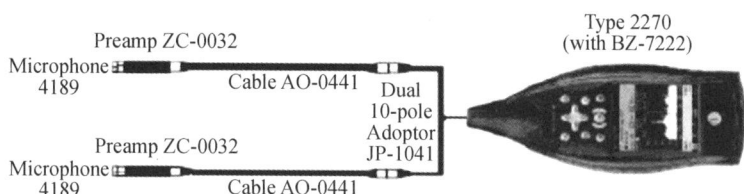

图 3 - 10　2270 型声级计同时进行双位置声音测量

2. 声校准器

声校准器是一种能在一个或几个频率点上产生一个或几个恒定声压的声源。它用来校准测试传声器、声级计及其他声学测量仪器的绝对声压灵敏度,有时候还将它作为声测量装置的一部分,来保证声测量的精度。作为一种校准器,声校准器的准确度和稳定度都比一般仪器要求更高。为了满足声学测量的校准要求, IEC 60942:2017《电声学 音响校准器》标准将声校准器的准确度等级分为 LS 级、1 级、2 级,LS 级声校准器一般只在实验室中使用,而 1 级和 2 级声校准器为现场使用。1 级声校准器主要与 1 级声级计配套使用,2 级声校准器主要与 2 级声级计配套使用。

以丹麦 B&K 公司 4231 型声校准器(图 3 - 11)为例,该声校准器符合 LS 级和 1 级标准,外形设计坚固小巧,产生声压信号的声压级和频率稳定可靠,声压级校准精度 ±0.2 dB, 94 dB 和 114 dB 的高声压级可以用在嘈杂的环境中的校准,几乎不受大气压力影响;声压不受传声器等效体积影响, 1 kHz 的校准频率使得修正校准声压级无须考虑计权网络的影响;适

图 3 - 11　丹麦 B&K 公司 4231 型声校准器

合对 B&K 1 英寸和 1/2 英寸的传声器进行校准(利用相应的适配器可以对 1/4 英寸和 1/8 英寸的传声器进行校准),当取走传声器时,校准器会自动关机;适合对声级计和其他声学测量设备进行校准。

3. 水听器

水声换能器是将电信号转换为水声信号或将水声信号转换为电信号的器件,其在声呐

中的地位类似于无线电设备中的天线,是在水下发射和接收声波的声学器件。将电信号转换成水声信号,用来向水中辐射声波的换能器,称为发射换能器。

将声信号转换成电信号,用来接收水中的声信号的换能器,称为接收换能器,也常称为水听器。

根据作用原理、换能原理、特性及构造等的不同,水听器有声压、振速、无向、指向、压电、磁致伸缩、电动(动圈)等之分。水听器与传声器在原理、性能上有很多相似之处,但由于传声媒质的区别,水听器必须有坚固的水密结构,且须采用抗腐蚀材料的不透水电缆等。

声压水听器探测水下声信号以及噪声声压变化并产生和声压成比例的电压输出。声压水听器是水声测量中必不可少的设备,是被动声呐系统中的核心部分。根据所用灵敏材料的不同,声压水听器可以分为:压电陶瓷声压水听器、PVDF声压水听器、压电复合材料声压水听器和光纤声压水听器。

通常,水听器有标量水听器和矢量水听器之分。在声场测量中,传统的方法是采用标量水听器(声压水听器),只能测量声场中的标量参数,典型的标量水听器如丹麦B&K公司的8104型水听器。矢量水听器可测量声场中的矢量参数,它的应用有助于获得声场的矢量信息,对声呐设备的功能扩展具有极为关键的意义。

B&K公司的810X系列水听器的性能参数见表3-2。

表3-2　B&K公司的810X系列水听器的性能参数

型号	8103	8104	8105	8106
标称电压灵敏度/(μV/Pa)	29	56	56	2 240
标称电荷灵敏度/(μV/Pa)	0.1	0.44	0.41	—
频率响应	频率测量范围:0.1 Hz 至 100 kHz;噪声测量范围:-6.0 dB 至 1.5 dB	频率测量范围:0.1 Hz 至 80 kHz;噪声测量范围:-6.0 dB 至 6 dB	频率测量范围:0.1 Hz 至 100 kHz;噪声测量范围:-6.0 dB 至 1 dB	频率测量范围:3 Hz 至 80 kHz;噪声测量范围:-10 dB 至 6 dB
应用	微型水听器,用于水下高频测量,例如气蚀、空化噪声、冲击波,工作水深可达400 m(40 个大气压)	标准水听器,全指向性,可做其他水听器校准的参考标准。工作水深可达400 m(40 个大气压)	内装球形压电陶瓷敏感元件,有很好的全指向性。工作水深可达400 m(40 个大气压)	低噪声、高灵敏度水听器,内置前置放大器,工作水深可达1000 m(100 个大气压)

4. PULSE Reflex™实时噪声源识别(NSI)系统

振动噪声测量目的之一就是要对船舶振动噪声进行有效控制。显然,对振动噪声进行有效控制之前必须探明振动噪声源。噪声源定位分析技术就是在测量数据的基础上,深入分析船舶噪声,确定噪声源产生的部位和原因,作为振动噪声治理的基础。

噪声源定位分析技术的本质是模式识别问题,即利用一定的信息提出方法获得测量噪声信息的特征,构建用于模式识别的样本库,运用特定的算法进行噪声判断及定位。因此噪声源定位分析技术应解决噪声信息特征提取方法、构建样本库、噪声判断定位技术等关键技术环节。

噪声源识别的不同阶段需要不同的技术。早期"快拍"措施,比如在机舱内识别噪声源,需要易于部署的设备,以便尽快获得结果;要求检测系统能绘制高清噪声地图,将声值用彩色等高线图来表示,易于理解和解释。要获取诸如助听器等近距离物体的详细噪声信息,目前的声全息技术能提供高清数据;要定位大型物体的噪声源,例如大型柴油机的噪声源,或者如果要从一定距离之外定位噪声源,则波束成形技术能迅速识别噪声来源。移动物体,例如风力涡轮机和飞行中的飞机等,可用移动声源波束成形技术来绘制声学地图。

目前,行业中能够用于噪声源识别的系统软件也很多,本节主要对丹麦 B&K 公司的 PULSE Reflex™实时噪声源识别(NSI)系统进行介绍。

PULSE Reflex™实时噪声源识别(NSI)系统可同时用于稳态测量和非稳态测量。它是专为在船舶海工、航空航天和汽车行业中使用而设计的多功能工具。PULSE Reflex 声学照相机还非常适于船舶、飞机的 NSI 故障排除,车辆驾驶舱内异响(BSR)的检测,以及高频泄漏的检测。按照瞄准、拍摄和测量的步骤,使用 PULSE Reflex 声学照相机对瞬态声源进行现场定位和查看。该系统允许使用平板电脑中的功能进行截图并对截图进行保存和分享,允许使用 PULSE Reflex 阵列分析软件保存和审查记录,并使用 PULSE Reflex Core 对记录进行分析。

PULSE Reflex™实时噪声源识别(NSI)系统包括 8781 型 PULSE Reflex 阵列分析软件和 9712 – W – FEN 型声学照相机系统(图 3 – 12)。

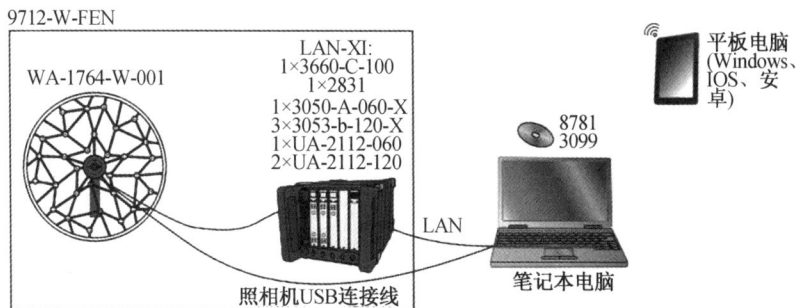

图 3 – 12　声学照相机系统

软件组件包括 8781 型 PULSE Reflex 阵列分析软件和 3099 – A 型 PULSE LAN – XI 多前端驱动程序。

8781 型 PULSE Reflex 阵列分析软件是 PULSE Reflex 系统的组成部分,通过创新型图形用户界面(GUI)和逻辑工作流程,实现了易用性。它是一个独立的软件平台,用于查看、记录和回放由 9712 – W – FEN 型声学照相机采集的声源数据;能够实现声源图与视频图像叠加,创建声学图谱;可以实现连续缓冲、提供实时图像、快速查明问题区域。

8781 型 PULSE Reflex 阵列分析软件可在 PULSE Reflex 系统开启之后 20 s 内完成启动和运行,或者在 PULSE Reflex 主菜单之后 10 s 内完成启动和运行。它具有三种功能(工作模式):数据流处理(可通过此模式进行截图)、记录和回放。

数据流处理功能是软件的默认运行方式,可用于定位声源、保存截图,还可用来解决问题,无须进行后期处理。一旦在数据流处理模式中定位到关注区域,便可获取一个记录以供进一步分析。记录将自动存储在 PULSE Reflex 阵列分析项目树中,可以对多个关注区域进行记录,每个记录都将被单独地自动存储到项目树中。回放功能可以在 8781 型 PULSE Reflex 阵列分析软件内立即对记录进行查看。这一功能可用于确定是否需要进行另一次记录,或者用于对声源进行进一步调查。在回放过程中,可以对频率范围进行调整。

使用 8781 型 PULSE Reflex 阵列分析软件进行的记录也可以在 PULSE Reflex 中分析,只须从 PULSE Reflex 主菜单进入 PULSE Reflex Core,记录位于项目树中,可随时对其进行分析。

9712 – W – FEN 型声学照相机为硬件组件,包括 WA – 1764 – W – 001 型手持阵列和必要的 LAN – XI 数据采集硬件,其中 LAN – XI 数据采集硬件包括外框、模块和前面板。

WA – 1764 – W – 001 型手持阵列是一款 30 通道切片轮式阵列,具有集束电缆和可拆卸反射板。它配有集成手柄,手柄内置平板电脑支架。阵列中心设有摄影机,每秒可拍摄 15 帧到 20 帧。该阵列为切片轮式阵列,传声器不规则放置。它非常适合声全息测量和波束成形测量。B&K 采用数值优化方法对阵列进行设计,使阵列在频率范围和传声器数量上都达到最佳。

WA – 1764 – W – 001 型手持阵列中使用的传声器是 4959 型传声器。4959 型传声器是一款 $\frac{1}{4}$ 预极化传声器,配有 TEDS(传感器电子数据表)。其频率范围是 50 Hz 至 20 kHz,内置 CCLD 前置放大器。

WA – 1764 – W – 001 型手持阵列的主要特点:可现场实时查看测量结果;定位声源,对问题区域进行截图;进行记录并查看记录,频率范围可调;一个系统同时执行波束形成测量和声全息测量;在 PULSE Reflex Core 中分析记录;声源图与视频图像完美叠加。

5. B&K 自噪声监测系统(SNMS)

声波探测和识别技术变得越来越高级精密。随着这些技术的发展,声隐蔽性战略也必须随之进步。为保持声隐蔽性,必须考虑船舶的所有噪声源,包括船上人员、船载设备和气蚀效应,以及船舶整体所辐射的噪声标记。

B&K 自噪声监测系统(SNMS)如图 3 – 13 所示,它是一种永久安装集成的船舶振动与噪声监测系统。SNMS 建立在 PULSE 平台基础之上,集成了 LAN – XI 数据采集硬件和 PULSE 软件应用,能提供噪声源监测和分析的完全集成解决方案。系统由以下部分构成:

永久安装的传感器(船体加速度计和外部水听器)、传感器电源、数据采集、数据分析、储存和显示、数据界面。系统增强包括便携式测振仪和便携系统,执行限时任务。

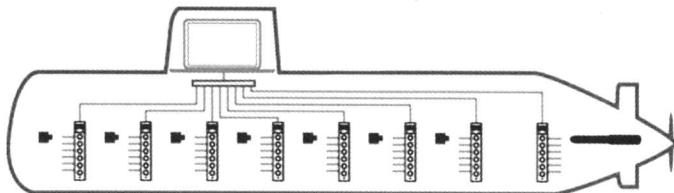

图 3 – 13　B&K 自噪声监测系统(SNMS)

第二节　噪声检测实验

一、声音特性测量

1. 声波特性测量原理

声波具有绕射、指向性与叠加性的特性。

①声波的绕射是指当声波在传播过程中遇到障板时,能绕到障板的背后,改变原来的传播方向继续传播,这种现象称为绕射。声波的频率越低,绕射现象越明显。

②声波的指向性是指当声源的尺寸比声波波长小得多时,可看成是"点声源",它向所有方向等量地辐射声音,没有方向性。当声源的尺寸与声波波长相差不多或大于波长时,就不能看成是点声源了,其向各个方向辐射的声音能量不同,即具有指向性。与波长相比,声源尺寸越大,其指向性越强,即高频声波比低频声波具有更强的指向性。

③声音的叠加性是指当空间存在由两个以上的声源分别发出的声波时,每个声波不因其他声波的存在而改变其传播规律。各声波是相干声波时,空间任一点的瞬时声压是各声波在该点的瞬时声压的矢量和,这种现象称为声波的相干叠加(干涉)。

当有两个以上的不相干声源分别发出声波,叠加产生声场的声能量是各声波平均能量之和,用公式表示为

$$p^2 = p_1^2 + p_2^2 + \cdots + p_n^2 \qquad (3 - 21)$$

式中, p 为叠加声场有效声压; $p_j(j = 1, 2, 3, \cdots, n)$ 为各列声波有效声压。

对于几个声压均为 p 的声音,叠加后的声压级为

$$L_p = 20\lg \frac{\sqrt{n\, p^2}}{p_0} = 20\lg \frac{p}{p_0} + 10\lg n \qquad (3 - 22)$$

从式(3 – 22)可以看出,几个声压相等的声音叠加,它们的总声压级只增加了 $10\lg n$。

2. 测量方法

(1)声波绕射现象的验证

按图 3 – 14 连接好系统,其中声源(扬声器)放置在障板(或墙)前面,传声器放置于障

板（或墙）后面,保证在放置传声器的位置看不到扬声器。

图 3 – 14　声波绕射实验系统连接图

用信号发生器产生正弦信号,在整个测量过程中,信号发生器的输出电平不变,记录各个不同频率信号的声压级。

（2）声音叠加的验证

根据测量系统连接图（图 3 – 15）接好系统,将扬声器 A 和扬声器 B 以及传声器分别放置好。

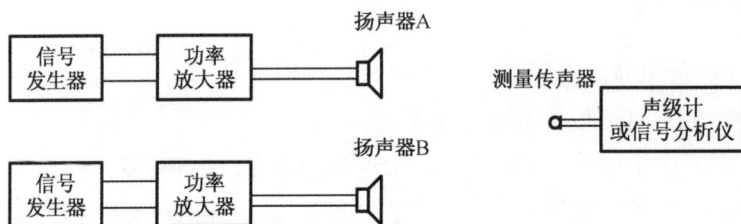

图 3 – 15　声音非相干叠加实验系统连接图

利用信号发生器产生白噪声信号,分别单独提供给扬声器 A 和扬声器 B,使其在测量点处产生不同的声压级差（使其约等于 0 dB、6 dB、9 dB、15 dB）。然后将信号同时反馈给信号发生器,在测量点处读取总声压级。

二、混响时间测量

1. 测量原理

混响时间是指声音已达到稳态后停止声源,平均声能密度自原始值衰变到其百万分之一（60 dB）所需要的时间,记作 T_{60},单位为秒（s）。测量时,常用开始一段声压级衰变 5 dB 至 25 dB 的情况外推到 60 dB 衰变所需要的时间,记做 T_{20}；衰变 5 dB 至 35 dB 的情况外推到 60 dB 衰变所需要的时间,记做 T_{30}。

进行音质验收和评价、扩声计算及降噪计算等,需要进行室内混响时间测量。

2. 测量方法

混响时间测量主要有两种方法:稳态噪声切断法和脉冲响应反向积分法。

稳态噪声切断法:先在房间内用声源建立一个稳定的声场,然后使声源突然停止发声,用传声器监视室内声压级的衰变,同时记录衰变曲线,最后从衰变曲线计算声压级下降 60 dB 的时间而测得混响时间。此方法的缺点是声衰变严重地受到无规过程中不可避免的瞬时起伏的影响,所以对相同的声源和传声器点必须测量多次进行平均。

脉冲响应反向积分法:先使用脉冲声对房间进行激励,记录室内某点声压随时间变化的曲线得到脉冲响应,再对脉冲响应的平方进行反向积分而得到室内声压级衰变曲线,以计算得到混响时间。目前脉冲响应的测量信号经常是采用 MLS 或者 ESWEEP 信号,然后将相应信号输入给电声系统。

房间内混响时间测量系统如图 3 – 16 所示,图中的声振测量系统具有声波信号采集与声波发生器功能。调节扩声系统输出,使被测点的信噪比至少达 35 dB(在满场情况下,低频信噪比可以酌情减少),在房间内预定测量点上进行测量。

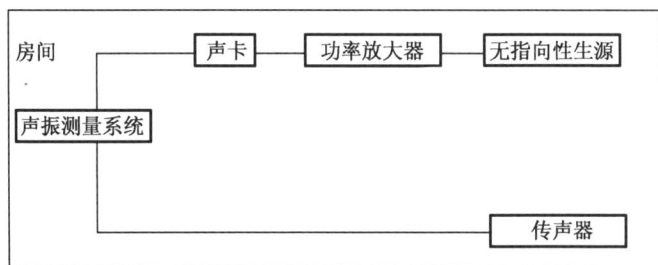

图 3 – 16　房间内混响时间测量系统图

测量优先采用脉冲响应反向积分法,按倍频程取点(至少应为 125 Hz、250 Hz、500 Hz、1 000 Hz、2 000 Hz、4 000 Hz 六点)分别测量混响时间,即为混响时间的频率特性。

相关国家标准:GB/T 25079—2010《声学 建筑声学和室内声学中新测量方法的应用 MLS 和 SS 方法》;GB/T 50076—2013《室内混响时间测量规范》。

三、环境噪声测量

1. 测量原理

环境噪声测量中大多测量 A 计权声级,有时为了了解噪声频率特性,可采用噪声评价数(NR)曲线来评价噪声大小,它与倍频带声压级的关系见表 3 – 3。

表 3 – 3　噪声评价数与倍频带声压级的关系

噪声评价数	倍频程中心频率/Hz							
	63	125	250	500	1 000	2 000	4 000	8 000
	声压级/dB							
NR25	55	44	35	29	25	22	20	18
NR30	59	48	40	34	30	27	25	23
NR35	63	52	45	39	35	32	30	28

对稳态噪声,用声级计的"慢"挡与"快"挡测量的结果是相同的。脉冲噪声是持续时间

很短的噪声,通常可用"脉冲"挡或"最大保持"挡测量。随机分布噪声的特点是声源的发声是随机的,如道路交通噪声,可测量一段时间内的等效连续 A 声级 L_{Aeq}。

测点位置布置中一般要求传声器的高度为 1.2 m,指向影响较大的声源,对于难以判别声源方向的情况,则应将传声器竖直向上。

2. 测量方法

①传声器设置:声级计或传声器单元可手持或固定在测量三角架上。传声器距水平支承面 1.2 m,并远离其他反射体。

测量仪器校准:将测量仪器按使用说明书调节至校准状态,用声级校准器进行校准。

②测量三个测量点的 A 声级并记录;

③测量噪声 NR 值,利用频谱分析仪测量噪声信号在各个频段上的声压级并记录。

④测量三个测量点的等效连续 A 声级 L_{Aeq}。

四、隔声测量

1. 测量原理

在工程上,常用隔声量 R 来表示构件对空气声的隔绝能力(单位 dB):

$$R = 10\lg \frac{1}{\tau} = 10\lg \frac{W_1}{W_2} \qquad (3-23)$$

式中 W_1——入射构件波声功率;

W_2——构件透射波声功率;

τ——构件透射系数。

同一建筑构件对不同频率的声波有不同的隔声量。在 GB/T 19889.3—2005《声学 建筑和建筑构件隔声测量 第 3 部分:建筑构件空气声隔声的实验室测量》中常用中心频率为 100 ~ 5 000 Hz 的 18 个 1/3 倍频带的隔声量来表示某一建筑构件的隔声性能,称为隔声频率特性。隔声频率特性能反映建筑构件隔声性能随频率变化的关系,对分析研究建筑和建筑构件的隔声性能有很大的意义。但有时候为了简化,常用单值指标表示构件的隔声性能。在国家标准 GB/T 50121—2005《建筑隔声评价标准》常用 100 ~ 3 150 Hz 的测量值计算计权隔声量。

如图 3-17 所示,假设声源室和接收室的声场都是扩散的,由声源室入射到被测构件的声功率为

$$W_1 = \frac{<p_1^2>_{t,s}}{4\rho c} S \qquad (3-24)$$

由被测构件透射到接收室的声功率等于接收室内界面以及空气吸收的声功率,则有

$$W_2 = \frac{<p_2^2>_{t,s}}{4\rho c} A \qquad (3-25)$$

式中,$<p_1^2>_{t,s}$、$<p_2^2>_{t,s}$ 分别是声源室和接收室的时间和空间平均的声压均方值,声压单位为 Pa;S 是被测构件的面积,单位为 m^2;A 是接收室的吸声量,单位为 m^2;ρ 是空气密度,单位为 kg/m^3;c 是空气中的声速,单位为 m/s。则构件的隔声量 R 为

$$R = 10\lg\left[\frac{<p_1^2>_{t,s}}{<p_2^2>_{t,s}}\right] + 10\lg\frac{S}{A} = L_{p1} - L_{p2} + 10\lg\frac{S}{A} \qquad (3-26)$$

式中，L_{p1}、L_{p2} 分别是声源室和接收室的声压级的时间和空间平均，单位为 dB。A 可由赛宾公式确定：

$$A = 16V/T$$

式中，V 为接收室的容积，单位为 m^3；T 是接收室的混响时间，单位为 s。因此，测量隔声量只需要分别测量声源室和接收室的平均声压级，以及接收室的混响时间。

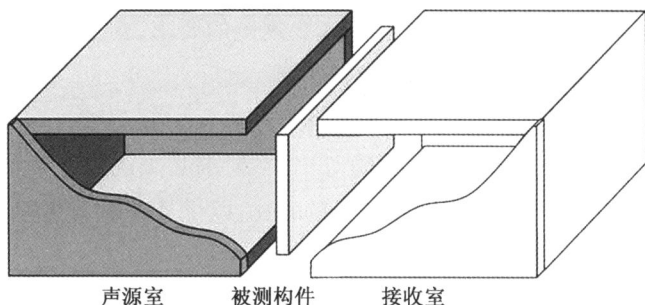

图 3－17　建筑构件空气声隔声测量实验图

根据各个频带的测量量 R_i，依据 GB/T 50121—2005《建筑隔声评价标准》计算得到其相应单值评值量 R_W。

2. 测量方法

①连接声振测量系统→功放→无指向性扬声器的测量系统。

②测量接收室背景噪声级。

③利用信号发生器产生噪声信号（白噪声或者粉红噪声）并调节信号大小，查看接收室的信噪比，并满足 10 dB 的要求。

④在声源室和接收室内分别取三个点，测量倍频程中心频率为 125 Hz、250 Hz、500 Hz、1 000 Hz、2 000 Hz、4 000 Hz 处的声压级，再利用下式取平均：

$$\overline{L}_p = 10\lg\frac{1}{n}\sum_{i=1}^{n}10^{0.1L_{pi}} \qquad (3-27)$$

式中，L_{pi} 为室内第 i 个测点上的声压级，单位为 dB；n 为测点数。

⑤计算隔声门的隔声量。

第四章　船舶振动测量技术

船舶振动与噪声检测的目的是依据船舶振动与噪声检测规范,针对不同的船舶测量对象采取相应的测量方法进行检测,确认船舶的振动与噪声特性是否达到入级规范要求,用以申请船舶舒适性(振动)VIB*x*或船舶舒适性(舱室噪声)NOI*x*的生态保护子要素附加标志。如存在有害振动与噪声的问题或不满足入级规范的要求,则根据检测结果分析产生振动与噪声的原因,以便采取必要的减振与隔声措施。

对系列船中的首制船进行测量,以免因总体振动方面的缺陷给该系列船带来损失。这些测量可用于参考,包括与理论预报结果的对比,不要求必须满足任何振动级的限值。但是,测量评价应包括理论预报结果与测量结果的对比,以供其他船舶参考。

第一节　船舶振动测量

一、船舶振动检测标准

随着人们对船舶振动认知的深入,世界主要船级社及国际海事组织关于船舶振动测量与评价制定了系列规范与标准。中国船级社(简称 CCS)根据国际海事组织颁布的规范也相应制定了系列规范。中国机械振动冲击与状态监测标准化技术委员会和中国质检出版社共同出版了振动测量与评价的相关国家标准。

机器振动测量与评价标准主要有:

(1)GB/T 6075.1—2012《机械振动 在非旋转部件上测量评价机器的振动》第 1 部分:总则。

(2)GB/T 6075.2—2012《机械振动 在非旋转部件上测量评价机器的振动》第 2 部分:50 MW 以上,额定转速 1 500 r/min、1 800 r/min、3 000 r/min、3 600 r/min 陆地安装的汽轮机和发电机。

(3)GB/T 6075.3—2011《机械振动 在非旋转部件上测量评价机器的振动》第 3 部分:额定功率大于 15 kW 额定转速在 120 r/min 至 15 000 r/min 之间的在现场测量的工业机器。

(4)GB/T 6075.4—2015《机械振动 在非旋转部件上测量评价机器的振动》第 4 部分:具有滑动轴承的燃气轮机组。

(5)GB/T 6075.5—2002《在非旋转部件上测量和评价机器的机械振动》第 5 部分:水力发电厂和泵站机组。

(6)GB/T 6075.6—2002《在非旋转部件上测量和评价机器的机械振动》第 6 部分:功率大于 100 kW 的往复式机器。

(7)GB/T 11348.1—1999《旋转机械转轴径向振动的测量和评定》第 1 部分:总则。

（8）GB/T 11348.2—2012《机械振动 在旋转轴上测量评价机器的振动》第 2 部分：功率大于 50 MW 上，额定工作转速 1 500 r/min、1 800 r/min、3 000 r/min、3 600 r/min 陆地安装的汽轮机和发电机。

（9）GB/T 11348.3—2011《机械振动 在旋转轴上测量评价机器的振动》第 3 部分：耦合的工业机器。

（10）GB/T 11348.4—2015《机械振动 在旋转轴上测量评价机器的振动》第 4 部分：具有滑动轴承的燃气轮机组。

（11）GB/T 11348.5—2008《旋转机械转轴径向振动的测量和评定》第 5 部分：水力发电厂和泵站机组。

船舶振动测量标准主要有：

（1）GB/T 7452—2007《机械振动 客船和商船适居性振动测量、报告和评价准则》。

（2）GB/T 19845—2005《机械振动 船舶设备和机械部件的振动 试验要求》。

（3）CB/T 3154—2011《船用柴油机振动测量方法》。

（4）CB/T 3853—2011《船用柴油机轴系振动测量方法》。

（5）GB/T 28784.2—2014《机械振动 船舶振动测量》第 2 部分：结构振动测量。

（6）GB/T 28784.3—2012《机械振动 船舶振动测量》第 3 部分：船上设备安装前的振动测量。

（7）GB/T 28784.4—2017《机械振动 船舶振动测量》第 4 部分：船舶推进装置振动的测量和评价。

（8）《船上振动控制指南》中国船级社。

（9）《绿色生态船舶规范》中国船级社。

船舶噪声测量标准主要有：

（1）《船舶及产品噪声控制与检测指南》中国船级社。

（2）《船舶水下辐射噪声检测指引》中国船级社。

（3）《船舶水下辐射噪声指南》中国船级社。

（4）《绿色生态船舶规范》中国船级社。

按照中国船级社《船上振动控制指南》，船上振动测量的内容主要包括：船体振动测量、机械振动测量、机架振动测量、轴系振动测量、振动居住性测量。船体的振动分为总振动、局部振动、结构振动。

二、船舶振动测量仪器

（1）一般应选用多通道并能长期保存记录的电子测量系统，该系统由传感器、放大器、滤波器和记录器等组成，振动测量与校准设备应满足 ISO 6954:2000、ISO 8041，还应包括传感器、放大器、FFT 分析仪。

（2）应具有足够宽的频率范围和幅值线性，要满足被测部位的频率和幅值要求，并能适应船上温度、湿度和噪声等环境条件。

（3）仪器的灵敏度、幅频特性、幅值线性应定期进行计量检定和校验，一般不超过 1 年，以使仪器精度保持在规定的范围内;测量设备使用时应在法定计量机构指定有效期内。实船测量前和测量报告中应提供相关文件副本。

(4)传感器应安装牢固,在整个测量过程中不应有任何移动。

(5)脉冲装置安装在主机或螺旋桨轴上时,要使脉冲信号与主机第1气缸上止点或螺旋桨某叶片位置相对应。

(6)在能满足测量要求前提下,可以使用单点测量的电子仪器或手持机械式测振仪。

三、船体振动测量

1. 船舶结构振动测量条件

振动测量条件应按照 GB/T 7452—2007《机械振动 客船和商船适居性振动测量、报告和评价准则》、GB/T 28784.2—2014《机械振动 船舶振动测量》第 2 部分:结构振动测量进行。

(1)水深应大于船舶吃水的 5 倍。如果船舶营运区域是在浅水区,可选择相应的试航水深。

(2)测量时海况应在 3 级以下,如果超过 3 级,海况应记录在测量报告中,同时报告中还应包括采用高通滤波器测量数据进行信号分析的内容(>2 Hz)。

(3)船舶应处于装载状态,至少应使螺旋桨全部浸没在水中。船舶试航时的装载状态(测量状态)最好应是正常航行状态(压载或满载状态)。对于排水量有较大变化的船舶,其总体振动特性可能有显著变化,这种变化可以通过理论研究得到。如果为了做进一步诊断分析,需要在船舶营运状态下进行测量。这种情况下,在船首的横向和垂向还应安装传感器,以便更好地捕捉到不同装载状态下船体总体振动固有频率的变化。

(4)为了确定主要的工况模态和相关的固有振动振型和频率,应在自由航行状态下从最大持续额定功率的 30% ~100% 所对应的转速范围内进行测量。建议按照如下步骤进行:

①固定螺距螺旋桨:测量应以螺旋桨最大持续额定轴转速约 2% 的恒定转速间隔递增进行,或者螺旋桨轴转速(推进轴转速)在不少于 45 min 时间内缓慢连续增加,采用阶次跟踪方法进行数据采集和分析。在共振或接近共振状态时,转速变化应更慢或者采用更小的转速间隔,以接近连续准稳定状态。

②可调螺距螺旋桨:根据转速与螺距增量的船舶标准组合曲线,在船舶工作转速范围内至少进行 20 组测量,如果在这一过程中无法分辨共振,螺距宜保持在约 80% 满螺距下,按照同样的方法改变转速以充分覆盖重要的频率范围。

③对每一步的测量,数据记录应不少于 60 s。

④如果在升速试验中无法保证准稳定状态,应在以下转速和螺距设定下测量,每一稳定转速测量超过 3 min。

a. 额定转速和相应螺距;

b. 由螺旋桨主要激励阶次引起驾驶(桥楼)甲板最大响应的转速和相应螺距;

c. 由主机主要激励阶次引起驾驶(桥楼)甲板最大响应的转速和相应螺距。

⑤对于多轴推进船舶,所有的推进轴都应在相同或尽可能相同的转速下运行以确定总

振动级。

⑥激振器试验按激振方式分抛锚激振试验与激振器试验。

抛锚激振试验是船舶自由飘浮在海面上,将锚自由落下,并在锚触及海底前用锚机制动器急速制动,用多通道测振系统进行振动信号监测,信号应从松锚直至不再觉察到振动为止做连续记录。

激振器试验是指按船舶不同吨位来选择不同等级激振器并安置在艉部强力构件上。激振器从最低转速开始,缓慢地稳速递升,激振器转速的挡次以 5 ~ 10 r/min 为妥,在共振频率附近挡次可适当加密,每挡次转速进行同步记录。获取船体梁各阶的固有频率、振型、阻尼及共振曲线。

2. 船体振动的测点布置

总振动主要在艉部、上层建筑、主甲板、主机和推力轴承箱等部位进行测点布置。

艉部:上(主)甲板纵中剖面与艉端或与艉尖舱前舱壁的交点是船体梁振动主要表征点,测量方向为垂向、横向和纵向。测量船体扭转振动时,应在艉部上(主)甲板两舷侧处安装一对垂向传感器,如图 4 - 1 所示。

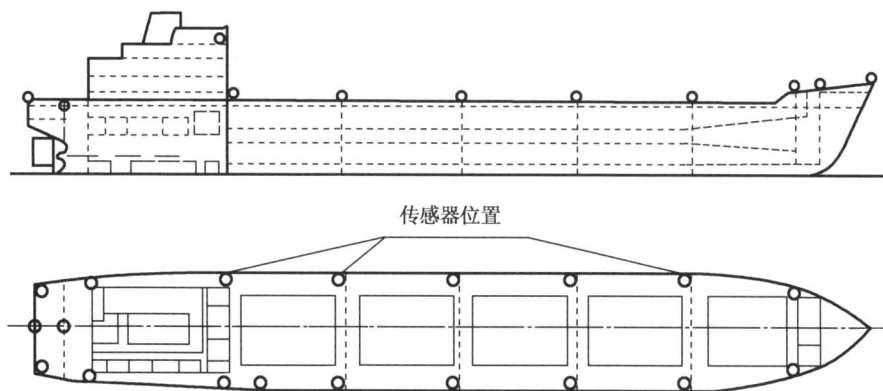

图 4 - 1　船体梁振动测点位置

上层建筑:驾驶室甲板与前围壁中心线交点是上层建筑整体振动表征点,测量方向为垂向、横向和纵向。

船体梁(选测项目):船体梁弯曲振动测点布置在上(主)甲板、沿船长各主横舱壁处。测量方向为垂向和横向。船体梁扭转振动测点布置在上(主)甲板,沿船长各主横舱壁两舷侧处安装成对垂向传感器。

据 GB/T 28784.2—2014 规定,对于船体与上层建筑可明显区分的且装备低速或中速机的船舶,如油船、散货船、多用途船和集装箱船,至少应包括图 4 - 2 所示和表 4 - 1 所列的测量位置。

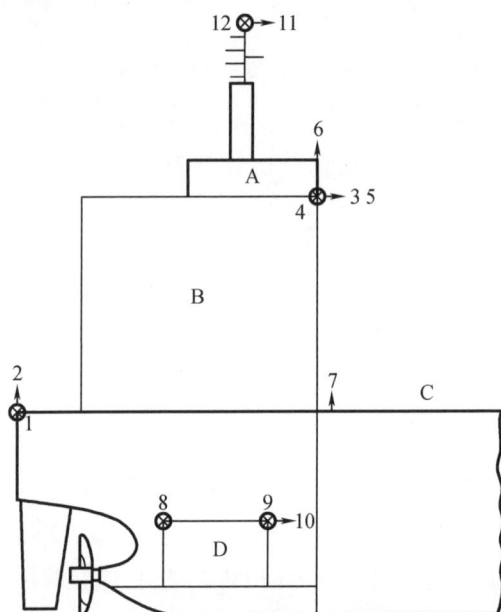

A—驾驶(桥楼)甲板;B—上层建筑;C—上甲板、主甲板;D—主机,图中的数字含义见表4－1。

图4－2　典型商船总体振动测量位置示意图

表4－1　典型商船总体振动测量位置

序号	位置	方向
1	船尾.左舷	横向
2	船艇.左舷	垂向
3	驾驶(桥楼)甲板前部.左舷	纵向
4	驾驶(桥楼)甲板前部.左舷	横向
5	驾驶(桥楼)甲板前部.右舷	纵向
6	驾驶(桥楼)甲板前部.左舷	垂向
7	上层建筑正面底部,中心线	垂向
8	左机顶部.后气缸架	横向
9	主机顶部.前气缸架	横向
10	主机顶部.前气机架	纵向
11	主桅杆顶部	纵向
12	主桅杆顶部	横向
推荐测量主桅杆顶部横向和纵向振动级以检查主桅杆的振动特性		

　　局部振动主要是指梁、板、板架、轴包架、轴支架、螺旋桨叶片、桅杆、平台等局部结构的振动。测点布置应考虑可能产生的振动振幅较大处;对大型处所或大平台(如面积超过 40 m²),由于可能存在 2 阶以上垂向固有振动频率,故应结合相应振型布置多个测点。在大平台振动测量中,可根据振动情况,适当增加和布置新的测点,测点应布置在变形最大

处。所有振动测点,应布置在刚性支点上。

为查明船体振动特性与振源的关系,测量位置和测量方向见表4-2和表4-3,表中所示为某大型油船的振动测点布置情况。

表4-2 查找振源的船舶振动测量位置和测量方向

序号	处所名称	测量位置	测量方向
1	上甲板上	纵中剖面与前缘围壁的交点	垂向、横向和纵向
2	船体尾部	甲板纵中剖面尾端处	垂向、横向和纵向
3	驾驶甲板	纵中剖面与前缘围壁的交点	垂向、横向和纵向

表4-3 船体结构振动测量位置和测量方向

序号	处所名称	测量位置	测量方向
1	船体尾部	甲板纵中剖面尾端处	垂向、横向和纵向
2	上层建筑	中央部位	垂向、横向和纵向
3	局部结构	可能产生振动的部位	垂向、横向和纵向
4	甲板横梁	足够测点	垂向、横向和纵向
5	基座结构	基座	垂向、横向和纵向
6	舵机舱	足够测点	垂向、横向和纵向
7	舱柜结构	中央部位	垂向、横向和纵向
8	烟囱	顶端	垂向、横向和纵向
9	雷达桅杆	顶端	垂向、横向和纵向

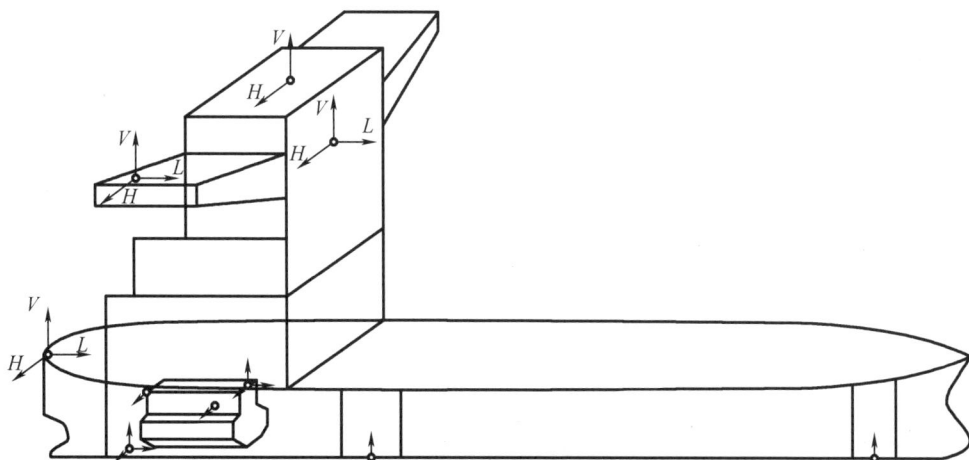

图4-3 某大型油船的振动测点布置

注:L表示纵向;H表示横向;V表示垂向。

3. 船体振动评价衡准

为改善船员在船上的居住条件和工作条件,GB/T 28784.2—2014 和 GB/T 7452—2007 是适用于船员和乘客对振动可接受的居住性衡准。《船上振动控制指南》中也对船舶振动评价衡准进行了介绍。其中有结构振动衡准、机械振动衡准、居住性振动衡准、舒适性振动衡准。

结构振动衡准主要考虑防止振动引起的结构疲劳裂纹。

结构振动参数采用位移、速度或加速度振幅(峰值)表征。振动频率在 1～5 Hz 采用位移或加速度振幅,在 5～100 Hz 采用速度振幅。

除另有约定外,船体结构振动衡准值,每一点的垂向、横向或纵向的振动位移或振动速度振幅,一般应控制在下列范围内,如图 4-4 所示。

(1)在 1～5 Hz 频率范围内:建议小于 1.0 mm;当大于 2.0 mm 时,可能会产生破坏。

(2)在 5～100 Hz 频率范围内:建议小于 30 mm/s;当大于 60 mm/s 时,可能会产生破坏。

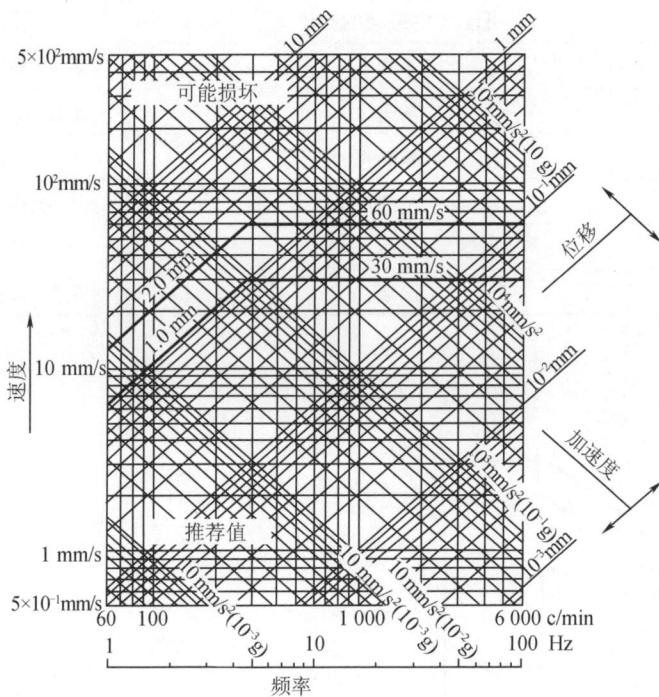

图 4-4 结构振动评价基准

除另有约定外,船长在 35 m 以上的高速船、轻型船与水面舰艇船体结构振动衡准值,每一点的垂向、横向或纵向的振动参数,一般应控制在表 4-4 的范围内。

表 4 - 4　高速船、轻型船与水面舰艇船体结构振动衡准值

区域		频率 1~5 Hz		频率 5~100 Hz
		加速度/(mm/s²)	位移/mm	速度/(mm/s)
主要区域,人员一般可以到达的甲板和安装设备的结构		160	—	5
艉部区域,人员一般可以到达的甲板和安装设备的结构		220	—	7
桅杆顶区域		—	—	15
其他结构,如对不影响人员舒适性或熟练操作,以及没有安装重要设备如舱柜和空舱等区域	钢质	—	1.0	30
	铝合金	—	0.33	10

四、船舶机械振动测量

船舶机械种类很多,规格不一。按功能可分为主机和辅机两大类;按运转特性分为往复式机械和回转式机械两大类,前者有柴油机、柱塞泵、压气机,后者有涡轮机、水泵、风机、电机等。机械运转时总会产生周期性的激励力,从而引起机械本身的振动。从它们的振动频谱图可知,这些机械振动频带宽达 2~8 000 Hz,并主要分布在 2~1 000 Hz 的频率范围内。

机械设备的振动测量主要包括机械设备(非旋转设备)的振动测量、轴系振动测量(包括纵向振动、扭转振动和回旋振动)。评价类型不同,测量方法不同。主要测量参数有振动加速度、振动烈度、隔振系数等。

机械设备振动加速度是反映装船设备振动等特性的重要动力学参量,是对设备进行振动噪声控制以及开展振动控制装置设计的重要依据。振动加速度等级(L_a)是测得的振动加速度与振动加速度基准值 a_0 之比的常用对数的 20 倍,按式(4-1)计算。

$$L_a = 20 \lg \frac{a}{a_0} \qquad (4-1)$$

式中　L_a——振动加速度,dB;

　　　a——测得的振动加速度(RMS),μm/s²;

　　　a_0——振动加速度基准值(RMS),$a_0 = 1$ μm/s²。

机器的振动烈度是在机器表面的重要位置上沿垂向、纵向、横向三个方向上所测得的振动最大有效值。通常可以用在指定点测得振动速度的最大均方根值来表示。由式(4-2)计算:

$$V_s = \sqrt{\left[\frac{\sum V_x}{N_x} \right]^2 + \left[\frac{\sum V_y}{N_y} \right]^2 + \left[\frac{\sum V_z}{N_z} \right]^2} \qquad (4-2)$$

式中　V_s——振动烈度,mm/s;

V_x、V_y、V_z——分别为 x、y、z 三个方向上的振动速度均方根值，mm/s；

N_x、N_y、N_z——分别为 x、y、z 三个方向的测点数。

测量 10～1 000 Hz 频带内速度有效值，取平均值后计算三个方向的矢量和，计算设备的振动烈度值。采用整机的当量振动烈度作为机器振动的评定量值，通常用诸如最大值、平均值、均方值或描述振动的其他参数中的一个值或一组值表示。

1. 机械设备振动测量条件

为了满足测试的可重复性，与推进系统有关的一系列测量需要在稳定的状态下进行，并且应考虑船舶特定的装载工况，主要要求如下：

①船舶的装载工况应尽可能与约定的额定工况一致。这个装载工况至少是试航时较常见的船舶压载工况，且螺旋桨完全没入水中。

②水深应不小于 5 倍的船舶吃水。偏差由合约方约定，并在报告中说明。

③在自由航行测试时，应尽量保持直线航行，舵角左右变化应限制在 2° 以内。

④在没有砰击或严重海浪冲击的情况下，最大的海况应如下：

小艇：1 级海况；

小船（＜100 m）：2 级海况；

大船（≥100 m）：3 级海况。

⑤发动机应在正常工况下运行。对于某些种类的测量和特定设备，可约定和正常工况有一定偏差的补充测量（对于扭转振动，典型的情况如一缸熄火）。

⑥对于包括多发动机、轴和离合器的较复杂系统，应在性能测试前，由涉及的各方约定待研究的工作模式类型。在这种情况下，必须满足船级社的要求（例如，若两个发动机通过离合器在一个轴上运行时，单发动机和双发动机运行的扭转振动，或带有冗余推进附加标志船舶正常和紧急运行）。

⑦在检测前应充分检查每一个测试通道以保证其可靠、可重复和准确的工作。应变仪安装在现场后应进行校准。

⑧如果约定须评价机械振动类型（扭转、弯曲、回旋、纵向、横向）之间的关系（而不是仅估计每种振动类型的幅值），推荐使用同步多通道存储技术，或额外存储各自通道的相位。

⑨确认以上稳态检测条件满足情况下，采用如下程序之一获得"稳态振动数据"：

a. 在最小和额定（或最大）转速之间的整个有效转速范围内，应均匀分挡进行测量记录稳态值。转速分挡的数目应能准确地记录以描述出整个转速范围内的振动特性。

b. 从最小转速缓慢而稳定地升至额定（或最大）转速。升速应足够缓慢以保证被测振动量级能充分体现。特殊情况下，可考虑降速测量，然而，最大激励通常在升速过程中发生，建议发动机和船在加速过程中的功率吸收曲线与其额定功率 – 速度曲线相匹配。

2. 机械设备振动测点的布置

测点布置应取具有代表性的刚性较强的位置，测点数目依测量对象尺寸而定，对于尺寸较小的机械测点可取少些，对于大型机械测点应取多些。具体布置要求如下：

①单独安装和复合安装有底脚的设备，测点应选择在设备的底脚上，并尽可能接近固

定螺栓。

②单独安装和复合安装的设备,测点应布置在减振器上方,即在机组的底脚或底座上。

③对于有多个安装面的设备,应按上述规定在每个安装面上布置测点。

④对于阀,测点应选择在所有出口法兰上或管口上,以及除人口外的任何其他结构接头上。

⑤没有很明确固定点的设备,测量位置应经合约方认可。

⑥测点数目可根据设备类型以及大小的不同由合约方商定,但至少取四个。这四个测点一般选择在设备四角的底脚或底座上。

⑦测量应在三个互相垂直的方向上进行。其中之一应是铅垂的。具有水平轴的设备,另一个方向应垂直于设备的轴。特殊姿态安装的设备,测量取向由合约方商定。对于阀,只要求在两个方向上测量,即垂直于和平行于出口法兰或流体流动的方向,除人口外的其他结构的接头,应在三个互相垂直的方向上测量。

⑧鉴定定型后的设备,其测量位置应经合同双方商定。最低限度应在定型试验期间确定的、总的最高振级的位置及其对角相应位置上(当试验条件相同时)。

⑨传感器应通过安装块固定在测量位置上,安装块六面垂直水平,六面清洁无污物,安装块面钻孔位置应有很强的刚性,用双头螺栓旋转固定传感器。

⑩安装用黏结剂(如 502 高强度液体胶水)固定。黏结剂固化后应具有足够的刚度和强度。

⑪安装表面应进行清洁处理,铲除油漆、油污及其他杂物,用清洗液如酒精(95% 以上)或丙酮清洁处理。

⑫传感器也可通过专用磁铁吸附在测点部位。

⑬为了清除地回路干扰,应采取绝缘措施(如使用绝缘块等)。

典型的振动测点如图 4-5、图 4-6、图 4-7 所示。

3. 机械设备振动评价衡准

典型测量方法有船用柴油机振动评级、旋转电机振动测定方法及限值、离心机和分离机机械振动测试方法、船舶机舱辅机振动烈度测量方法,例如 GB/T 6075.6—2002《在非旋转部件上测量和评价机器的机械振动》第 6 部分:功率大于 100 kW 的往复式机器、GB/T 28784.4—2017《机械振动 船舶振动测量》第 4 部分:船舶推进装置振动的测量和评价。

为避免机械的疲劳损坏或运动部件加速磨损,应控制机械的振动参数。机械振动参数采用位移振幅、速度振幅或加速度振幅(峰值)来表征。除另有约定外,机械振动应不超过表 4-5 的振动衡准值。

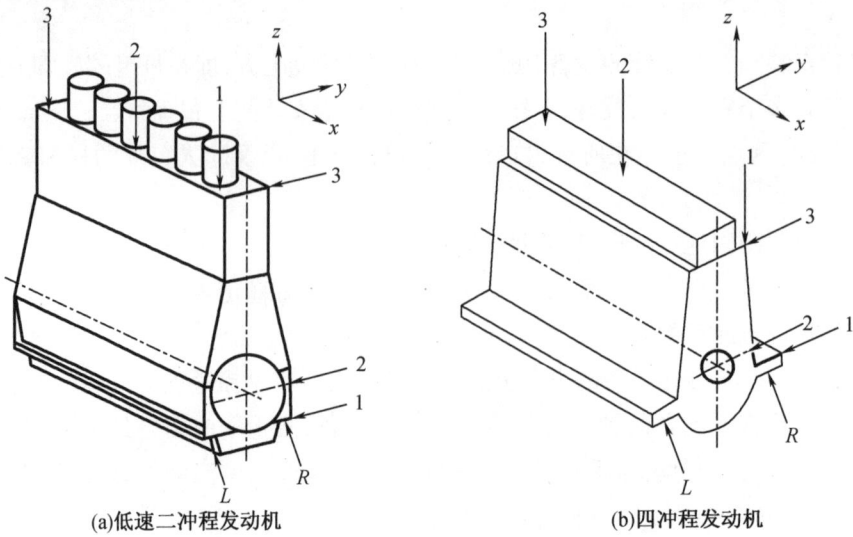

(a)低速二冲程发动机　　　　　　　　　　　　(b)四冲程发动机

测量面:*L*—面向输出端的左手;*R*—面向输出端的右手。

测量高度:1—机器的安装端面;2—曲轴高度;3—机架顶端。

机器长度方向的测点:4—输出端;5—机器中部;6—机器的自由端。

图4-5　柴油机上典型测点

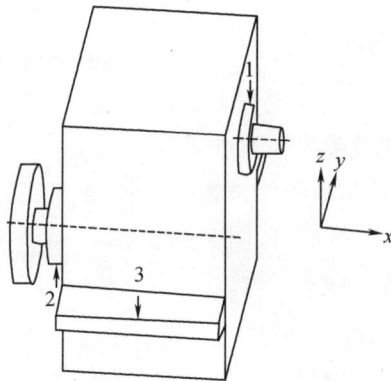

1—齿轮箱动力输入轴轴承盖;2—齿轮箱动力输出轴轴承盖;3—齿轮箱支座。

图4-6　典型船用齿轮箱测点

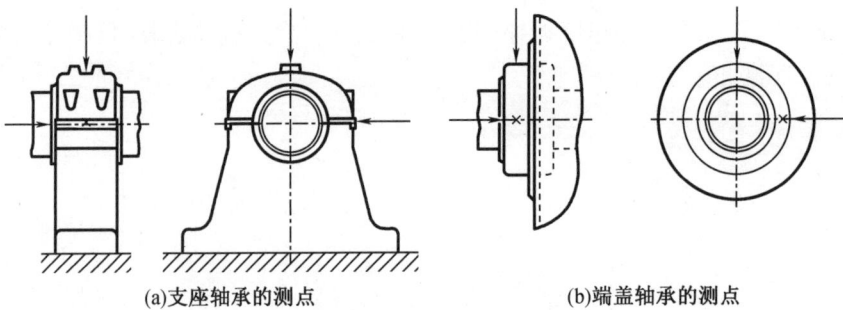

(a)支座轴承的测点　　　　　　　　　　　　(b)端盖轴承的测点

图4-7　轴承上的测点

表 4 - 5　振动衡准值

项目名称	频率和位移	频率和速度	备注
低速柴油机	1 ~ 2.4 Hz 垂向或纵向:1.5 mm 横向 1.0 mm	2.4 ~ 100 Hz 垂向或纵向:10 mm/s 横向:25 mm/s	
中速和高速柴油机	—	4.8 ~ 100 Hz 固定安装:15 mm/s 弹性安装:25 mm/s	
柴油机传动的发电机和推进用的电动机	—	4 ~ 100 Hz 18 mm/s	适用于固定和弹性安装
轮机传动的发电机	—	4 ~ 1 000 Hz 7 mm/s;	适用于固定和弹性安装
增压器	3 ~ 4.8 Hz 1.0 mm	4.8 ~ 26.5 Hz 30 mm/s	
涡轮机	—	5 ~ 1000 Hz 5 mm/s	适用于固定和弹性安装
主推进齿轮箱	—	4 ~ 1000 Hz 7 mm/s	
轴系轴承	1 ~ 2 Hz 0.4 mm	2 ~ 100 Hz 5 mm/s	
电动机、分离器、液压传动马达、风扇	—	4 ~ 200 Hz 7 mm/s	
螺杆心式或离心式压缩机	—	4 ~ 200 Hz 固定安装:7 mm/s 弹性安装:10mm/s	
往复式压缩机	—	4 ~ 200 Hz 30 mm/s	适用于固定和弹性安装

除另有约定外,船长 35 m 以上的高速船、轻型船与水面舰艇的机械振动,应不超过表 4 - 6 的振动衡准值。

表 4 - 6　高速船和轻型船与水面舰艇的机械振动衡准值

项目名称	频率和位移	频率和速度	备注
中速和高速柴油机	1 ~ 4.8 Hz 0.5 mm	4.8 ~ 100 Hz 15 mm/s	

表 4 - 6（续）

项目名称	频率和位移	频率和速度	备注
柴油机传动的发电机	1~3.2 Hz 0.5 mm	3.2~100 Hz 10 mm/s	
涡轮机传动的发电机	1~2 Hz 刚性安装:0.4 mm 弹性安装:0.8 mm	2~100 Hz 刚性安装:5 mm/s 弹性安装:10 mm/s	
增压器	3~4.8 Hz 1.0 mm	4.8~26.5 Hz 30 mm/s	26.5~300 Hz 加速度:5 g
涡轮机	—	5~1 000 Hz 5 mm/s	
齿轮	—	5~1 000 Hz 5 mm/s	
轴系轴承	1~2 Hz 0.4 mm	2~100 Hz 5 mm/s	
电动机、分离器、液压传动马达、风扇	1~2 Hz 0.4 mm	2~100 Hz 5 mm/s	
螺杆心式或离心式压缩机	—	4~200 Hz 固定安装:7 mm/s 弹性安装:10 mm/s	
往复式压缩机	1~3.2 Hz 0.5 mm	3.2~100 Hz 10 mm/s	

4. 轴系振动测量测点布置

轴系振动测量一般分为扭转振动、纵向振动、回旋（横向）振动测量。

（1）扭转振动测点布置

①测量角位移的仪器，测点一般应布置在柴油机的自由端。

②在实船测量时，如柴油机曲轴自由端布置测量点有困难，也可把测量点布置在轴系上相对振幅较大处。

③如两个不同振型的共振转速相近而相互干扰时，则除在自由端布置测量点外，一般还应在轴系其他位置布置测量点，以便把不同振型的振幅分开。

④如用应变片直接测量扭转振动应力，测点一般布置在中间轴或螺旋桨轴紧靠节点处。

（2）纵向振动及回旋振动测点布置

①纵向振动测量点应布置在柴油机曲轴自由端。

②回旋振动测量，如采用非接触式传感器测量时，一般应在振幅较大位置处布置垂向

和横向测点。如采用应变仪测量时,测点应选在弯曲应力较大处。

5. 轴系振动评价衡准

CCS《钢质海船入级规范》第3篇第12章中对轴系的扭转衡准、纵向振动衡准、回旋振动衡准进行了详细介绍。轴系振动测量主要是确定轴系临界转速,分析各段轴在此条件下所受应力是否超过许用值。当轴系实测频率和理论计算频率误差小于5%时,可用实测振幅或扭转振动应力,按计算振型推算系统各轴段的扭转扭矩。可通过检测各测量点的简谐次数、振幅或应变、固有频率及各轴段的扭转振动应力、振动扭矩作出应力/扭矩与转速曲线图,且标注其许用值。

第二节　船舶隔振结构振动测量

1. 隔振装置振动测量

隔振装置振动测量用于检测隔振装置的隔振效果,是通过测量安装在隔振装置上设备机脚的振动加速度级与安装基座上的加速度级的落差,即振级落差来表征其隔振效果。

振级落差(或传递损失)ΔL_T可由下式计算:

$$\Delta L_T = L_U - L_D \tag{4-3}$$

式中　L_U——设备机脚处的振动加速度级;

L_D——基座面板处的振动加速度级。

如果测点三个方向的振动加速度都已测量,应按三个方向分别计算振级落差。

多点测量时,振级落差采用平均值定义:

$$\Delta \overline{L}_T = \overline{L}_U - \overline{L}_D \tag{4-4}$$

式中　$\Delta \overline{L}_T$——振动加速度级;

$\overline{L}_U$——设备机脚上各测点加速度总振级的对数平均值,dB;

$\overline{L}_D$——安装基座面板上各测点加速度总振级的对数平均值,dB。

$\overline{L}_U$和$\overline{L}_D$分别见式(4-5)和式(4-6):

$$\overline{L}_U = 10\lg\left(\sum_{i=1}^{N} 10^{\frac{L_{Ui}}{10}}\right) - 10\lg N \tag{4-5}$$

$$\overline{L}_D = 10\lg\left(\sum_{i=1}^{N} 10^{\frac{L_{Di}}{10}}\right) - 10\lg N \tag{4-6}$$

式中　L_{Ui}——设备底座上第i个测点加速度总振级,dB;

L_{Di}——安装基座上第i个测点加速度总振级,dB;

N——测点总数。

2. 隔振装置测点布置

单独安装和复合安装有底脚的设备,测点应选择在设备的底脚上,并尽可能接近固定螺栓。

单独安装和复合安装的设备,测点应布置在所有减振器的上方,即在机组的底脚或底座上。

没有很明确固定点的设备，测量位置应经合约方认可。

测点数目可根据设备类型及大小的不同由合约方商定，但至少在每台设备上分别布置 4~6 个点，选择布置在设备的四角的底脚或底座上。

测量方向原则上应在三个相互垂直的方向上进行。其中之一应是铅垂的。对于平置式安装的单层隔振装置，通常只测量垂向。特殊姿态安装的设备，测量取向由合约方商定。

传感器应通过安装块固定在测量位置上，安装块六面垂直于水平，六面清洁无污物，安装块面钻孔位置应有很强的刚性，用双头螺栓旋转固定传感器。

安装块用黏结剂（如 502 高强度液体胶水）固定。黏结剂固化后应具有足够的刚度和强度。

安装表面应进行清洁处理，铲除油漆、油污及其他杂物，用清洗液如酒精（95% 以上）或丙酮清洁处理。

传感器也可通过专用磁铁吸附在测点部位。

第三节　船舶振动舒适性附加标志

在 CCS《钢质海船入级规范》中，对振动舒适性附加标志 COMF(VIBN) 进行了明确规定，N 为舒适度等级，有 1,2,3 级，其中 1 表示舒适度最高等级，3 表示可接受舒适度等级。如果每一舱室或处所的振动量级均不大于其舒适度等级对应的衡准，则该等级即为该船的振动舒适度等级。振动测量结果与舒适性衡准允许有较小的偏差。不超过 20% 测点的振动量级可以比允许的最大振动量级大 0.3 mm/s。

乘客处所允许的最大振动量级见表 4-7。乘客处所是指供乘客使用的处所，包括乘客舱室、乘客公共处所（例如餐厅、医务室、健身房、商店、露天甲板、休闲场所等）。

表 4-7　乘客处所允许的最大振动量级　　　　　单位：mm/s

位置	振动舒适度等级		
	1	2	3
乘客高级舱室	1.7	2.0	2.2
乘客标准舱室	2.0	2.5	3.0
乘客公共处所	3.0	3.5	4.0
露天甲板休闲场所	3.0	3.5	4.0

船员处所允许的最大振动量级见表 4-8。船员处所是指仅供船员使用的处所，包括船员舱室、船员公共处所（例如船员餐厅、会议室、办公室等）、工作场所（例如驾驶室、机舱控制室、机修间等）。

表 4 - 8 船员处所允许的最大振动量级 单位:mm/s

位置	振动舒适度等级		
	1	2	3
船员舱室	2.8	3.0	3.2
驾驶室、报务室	3.0	3.5	4.0
船员公共处所、餐厅	3.0	3.5	4.0
医务室	2.8	3.0	3.2
办公室	3.0	3.5	4.0
机修间	5.0	6.0	6.5
机舱控制室	4.0	5.0	6.0

第五章　船舶噪声测量技术

第一节　船舶噪声测量相关标准

船舶噪声一般而言是指船舶在行驶过程中所发出噪声的总称。船舶在正常的行驶中，由于船体和海水的相对运动以及船上各种设备的正常运行，不可避免地要产生各种噪声。根据噪声的产生原因，船舶噪声可以分为机械噪声、螺旋桨噪声和水动力噪声。根据噪声的传播介质可以将船舶噪声分为船舶空气噪声和船舶水噪声；船舶空气噪声是在船舶周围及船舶内部的空间介质中产生的噪声；船舶水噪声是在传播周围水介质中产生的噪声。船舶噪声又分为船舶辐射噪声和船舶自噪声。

船舶噪声测量的主要相关标准有 CCS《船舶及产品噪声控制与检测指南》、CCS《船舶噪声检测指南》、CCS《绿色生态船规范》、CCS《船舶水下辐射噪声指南》、CCS《钢质海船入级规范》、CCS《邮轮规范》、CCS《海上移动平台法定检验技术规则》、MSC.337(91)《船上噪声等级规则》、GB 36075《室内声学参量测量》等。

CCS《船舶及产品噪声控制与检测指南》中将噪声检测分为船用产品噪声检测与船舶噪声检测。船用产品噪声检测主要是指对船用柴油机、发电机组、空压机、分油机、风机、泵等机械设备，以及船用的舱壁与甲板分隔结构的噪声指标与隔声指数进行检测的方法。船用产品噪声检测大多在实验台架上进行。船用机械在工作时对船舶而言会成为噪声的主要来源，所以对船用机械设备的噪声检测有助于对其进行噪声评价，便于按照规范要求进行隔声防噪设计。

CCS《船舶噪声检测指南》中指出船舶噪声检测主要是指在海上试航、高噪声设备运行及港内作业三种工况下的船上各区域(机器处所、驾驶处所、居住处所和服务处所、其他船员可能短时暴露处所)的测量噪声指标，还包括现场测试计权隔声指数的测量、噪声暴露等级的确定。

机器处所主要指设有蒸汽机或内燃机、泵、空压机、锅炉、燃油装置、主要电机、加油站、推进装置、冷藏装置、防摇装置、操舵装置、通风和空调机等的任何处所以及通向这些处所的围壁通道。

居住处所主要指居住舱室、处理船舶业务的办公室、医务室、餐厅、娱乐室(例如休息室、吸烟室、电影厅、健身房、图书室、兴趣室和游戏室)以及船员使用的露天娱乐场所。

船舶噪声的附加标志在《钢质海船入级规范》及《绿色生态船舶规范》中均做了详细说明。

第二节 船用产品噪声检测

一、机械设备噪声测量

1. 检测环境要求

船舶机械设备的噪声特征参数检测应在符合《船舶及船用产品噪声检测指南》中要求的试验车间进行。如实际检测环境与理想环境有所偏离,则应按规定方法计算环境修正值,对检测结果进行修正。按规定的方法确定环境修正值 k_2,环境修正值 k_{2A} 表示频谱测量时,在测试的频率范围内每个频带上 k_2 值均应小于或等于 2 dB。无论如何,相关环境修正值 k_{2A} 或 k_2 值不得大于 7 dB。按要求背景噪声至少比柴油机运行时各测点测得的声压级低6 dB,且不得低于 3 dB,最好低 10 dB 以上。

环境修正值的计算有两种方法:绝对比较测试法与混响时间测试法。

(1)绝对比较测试法

将标定过的标准声源,放置在与被测设备相同位置的测量环境中,测得标准声源在此环境下的声功率级。环境修正值 k_2 由下式求得:

$$k_2 = L_w - L_{wr} \tag{5-1}$$

式中 L_w——现场测量到的标准声源声功率级,dB;

L_{wr}——标准声源标定的声功率级,dB。

标准声源的放置分替代法与侧置法两种。

当被测设备机组能从测量场地移开时,可使用替代法,把标准声源放置在与被测设备相同位置上。

当被测设备不能从测量场地移开时,使用侧置法。把标准声源放置在设备四周适当的位置上。当在多个位置上放置标准声源时,现场标准声源声功率级的测量应对每个放置点进行测量,再计算出标准声源放置在不同位置时测量的平均声压级,求得声功率级。

(2)环境修正的混响时间法

本方法是通过测量环境的混响时间,来确定环境修正值 k_2。k_2 可由下式得出:

$$k_2 = 10\lg\left(1 + 4\frac{S}{A}\right) \tag{5-2}$$

式中 S——测量表面的面积,m^2;

A——房间的吸声量,m^2。

房间的吸声量 A 用测量混响时间的方法确定,吸声量 A 由下式给出:

$$A = 0.16\frac{V}{T} \tag{5-3}$$

式中 V——房间体积,m^3;

T——混响时间,s。

进行设备噪声测量时,环境的背景噪声也是影响测量的重要因素。在测量时要求测量表面各测点上背景噪声至少比设备运行时测得的声压级低 6 dB,最好低 10 dB 以上。如果测量倍频带声压级,则每倍频带声压级均应满足此要求。

为了避免产生偶极子源效应,提高测量精度,被测设备应尽可能地靠近反射面安装(如地面)。此外,设备应尽可能采取实船安装的条件进行安装测试,与其相连的设备应作为外加辐射噪声源看待,必要时采取适当降噪措施,以尽量保证这些噪声对被测声压级没有明显影响。有进气、排气的设备工作时应通过管道将进气、排气口引到测量环境之外或接入消声器。若实际使用中采用了弹性安装和挠性连接,则台架测量也应采用相同方式安装和连接。当采用非固定安装时,应避免由于设备运行产生的振动而带来的附加噪声的影响。

2. 测试仪器要求

测量噪声时,相关的测量仪器应满足:自由场式传声器应符合 IEC 61094 的要求;声级计应符合 IEC 61672 - 1:2002 1 级要求;声校准器应符合 IEC 60942:2003 中 1 级的要求;滤波器应符合 IEC 61260:1995 中 1 级的要求。

所有测量仪器及校准仪器应由国家认可的计量检定机构进行检定。

3. 测量参数与频率范围

设备的台架噪声测量参数推荐采用声功率测量。其中包括总声功率级、A 计权声功率级和频带声功率级。测量的中心频率范围可取为 25 ~ 10 000 Hz。声功率级能反映设备运行时所发出的固有噪声能量,与环境没有关系。此外,台架的声功率级测量相对容易。因此,测量参数选定为声功率级。

4. 测点布置

测量开始前,要先确定基准体与测量表面的尺寸。

基准体是将被测设备的外轮廓假想成一个矩形六面体(不包括设备上对辐射噪声影响不大的凸出部分)。测量表面则是与基准体各面相平行且相距一固定距离 d 的外层六面体表面。d 称为测量距离,测量距离 d 应不小于 1 m,一般取 1 m。

测点应均匀分布在测量表面上,根据基准体的大小和辐射噪声的空间均匀性来确定测点位置和数量。如果设备噪声辐射指向性较强,造成相邻测点位置上声压级相差 5 dB 以上,或因设备基准尺寸较大使测量表面上测点间距超过 2d 时,则应增加测点数量。

5. 实船噪声检测注意事项

当在实船上进行设备噪声测量时,参照台架噪声测量进行,但在测量环境、测点位置、测量参数等方面须注意以下几点。

①实船测量采用声压级作为测量参数。

②对测量环境没有专门的要求。

③受实船环境条件所限,测点位置及数量可适当减少。测点位置与任何界面相距应大于 0. 5 m。

④其余测量要求与台架噪声测量要求相一致。

6. 测量步骤

①测量准备:测量时,首先保证验船师、测试人员等安全;测试设备按使用说明,尽量避免环境因素(如强电场或强磁场、风、高温或低温)可能对测量结果不利的影响;为了减少观

测者对测量的影响,传声器宜安装在刚性机座或支座上(不能与振动表面相连),并用至少长 2 m 的电缆连接到声级计上。

②设备运转时的测量:测量用的传声器应正对设备噪声源方向,声级计读数时应采用时间计权特性"慢"挡。若声级计读数波动小于 3 dB,则认为被测噪声是稳态的,读数取波动周期内平均值;对非稳态噪声应采用具有较长时间常数的积分声级计进行测量;观测周期至少 30 s。

③设备不运转时的测量:测点位置、数量要求及观测的时间应与设备运转测量时一致,但不包括被驱动机械和基础振动产生的外加噪声,测量结果作为柴油机运转时的背景噪声数据。

7. 表面声压级及声功率级计算

在工程测量中,可采用如下步骤得到所测设备的声功率级。

①测量表面平均声压的计算。当测点均匀分布时,平均声压级 $\overline{L}_P$ 用式(5-4)计算:

$$\overline{L}_P = 10\lg\left(\frac{1}{N}\sum_{i=1}^{N}10^{0.1L_{Pi}}\right) - K_2 \tag{5-4}$$

式中　$L_{Pi} = L_{Pi'} - K_{Li}$;

　　　L_{Pi}——在第 i 个传声器位置上测得的声压级;

　　　K_{Li}——设备运转时测得的声压级与背景噪声声压级之差应减去的修正值;

　　　$\overline{L}_P$——A 计权和 1/3 倍频带测量表面声压级,单位为分贝(dB)(基准值:20 μPa);

　　　L_{Pi}——背景噪声修正后第 i 测点处的 A 计权和 1/3 倍频带测量表面声压级;

　　　N——测点总数;

　　　k_2——测量表面的平均环境修正值,单位为分贝(dB)。

②声功率级 L_w 的计算。设备声功率级 L_w 按下式计算:

$$L_w = \overline{L}_P + 10\lg\left(\frac{S}{S_0}\right) \tag{5-5}$$

式中　L_w——声功率级,dB(基准值:1 pW);

　　　$\overline{L}_P$——A 计权和 1/3 倍频带表面声压级,dB(基准值:20 μPa);

　　　S—等效测量表面积,m^2;

　　　S_0——面积基准值,$S_0 = 1$ m^2。

二、计权隔声指数的测量

1. 计权隔声指数的规范要求

计权隔声指数 R_w(计权隔声量)表示墙、门或地板(在实验室内)整体隔声性能的一个单一数值,以分贝(dB)计。隔声舱壁和甲板结构按照计权隔声指数 R_w 共分为以下三个等级:

①R30:是指按照本章要求,经 CCS 认可检测机构测得的舱壁和甲板结构计权隔声指数,即

$$30 \text{ dB} \leqslant R_w < 35 \text{ dB}$$

②R35：是指按照本章要求，经 CCS 认可检测机构测得的舱壁和甲板结构计权隔声指数，即

$$35 \text{ dB} \leqslant R_w < 45 \text{ dB}$$

③R45：是指按照本章要求，经 CCS 认可检测机构测得的舱壁和甲板结构计权隔声指数，即

$$R_w \geqslant 45 \text{ dB}$$

隔声指数越高隔声性能越好，高隔声等级的结构可以替代低隔声等级的结构，例如：R45 可以替代 R35、R30 使用，R35 可以替代 R30 使用。

船舶舱室居住处所之间的舱壁和甲板结构的隔声特性应符合下列计权隔声指数(R_w)：

①居住舱室到居住舱室 $R_w \geqslant 35$；

②餐厅、娱乐室、公共处所和娱乐处所到居住舱室和医疗室 $R_w \geqslant 45$；

③走廊到居住舱室 $R_w \geqslant 30$；

④居住舱室到带有交通门的居住舱室 $R_w \geqslant 30$。

2. 计权隔声指数 R_w 的要求

测试设施：测试设施包括两间横向或纵向相邻的房间（声源室和接收室），两室之间有试件洞口，用以安装试件。测试房间、声源数量与位置、传声器位置以及试件洞口应符合 ISO 10140 – 5：2010《声学　建筑物组件隔音的实验室测定》第 5 部分：试验设备和仪器的要求。

典型试件：相同材质、相同结构的用于起居处所的舱壁和甲板试样应选取最小厚度进行试验；对于安装于起居处所相同材质、相同结构的门和窗应选取最大通孔或透光尺寸进行试验。

3. 隔声指数(R)测试过程

隔声指数测量应按照 ISO 10140 – 2：2010《声学 建筑物组件隔音的实验测定》第 2 部分：空中的隔音测量相关要求进行。

声源室与接收室的能量平均声压级测量的频率范围为 100 ~ 5 000 Hz（下限最低可选 50 Hz），测量频率采用 1/3 倍频程滤波器测量时，应至少包括下列 16 个中心频率。

100 Hz、125 Hz、160 Hz、200 Hz、250 Hz、315 Hz、400 Hz、500 Hz、630 Hz、800 Hz、1 000 Hz、1 250 Hz、1 600 Hz、2 000 Hz、2 500 Hz、3 150 Hz。

构件在测量频率范围内对应的隔声指数 R 由式(5 – 6)计算：

$$R = L_1 - L_2 + 10\lg \frac{S}{A} \tag{5-6}$$

式中　L_1——声源室内能量平均声压级，dB；

　　　L_2——接收室内能量平均声压级，dB；

　　　S——试件面积，单位为 m²，通常等于测试洞口的面积；

　　　A——接收室等效吸声量，m²。

等效吸声量 A 可由赛宾公式进行计算：

$$A = 0.16 \frac{V}{T} \tag{5-7}$$

式中　V——接收室容积，m^3；

T——接收室的混响时间，单位为 s，即声源停止后，接收室内声压级衰变 60 dB 所需的时间。

4. 计权隔声指数 R_w 的计算

根据 ISO 717 - 1:2013《声学 建筑和建筑构件的隔声标定》第 1 部分:空气声隔声要求，试验所测数据应与其基准数据（表 5 - 1）进行比对，通过平移基准曲线与实测各频带的隔声指数进行比较，根据式（5 - 8）计算 $\sum_{i=1}^{16} P_i$，使其尽可能接近 32 dB 但不大于 32 dB，这时将得到一个对应的平移量 Δ。将基准值中频率 500 Hz 的基准值 52 dB 加上平移量 Δ，即为计权隔声指数 R_w。

$$P_i = \begin{cases} K_i + \Delta - R_i & K_i + \Delta - R_i > 0 \\ 0 & K_i + \Delta - R_i \leqslant 0 \end{cases} \qquad (5-8)$$

式中　i——频带的序号，$i = 1 \sim 16$，代表 100 ～ 5 000 Hz 频带范围内的 16 个 1/3 倍频程；

P_i——不利偏差；

K_i——表（5 - 1）中第 i 个频带的基准值；

Δ——平移量（向上平移 Δ 为正，向下平移 Δ 为负）；

R_i——第 i 个频带的实测量，精确到 0.1 dB。

表 5 - 1　ISO 717 - 1:2013 中空气声比对基准值 K

i 频带的序号	中心频率/Hz	基准值 K/dB
1	100	33
2	125	36
3	160	39
4	200	42
5	250	45
6	315	48
7	400	51
8	500	52
9	630	53
10	800	54
11	1 000	55
12	1 250	56
13	1 600	56
14	2 000	56
15	2 500	56
16	3 150	56

第三节　船舶噪声检测

船舶建造完工后应分别在海上试航、高噪声设备运行以及港内作业三种工况下根据 CCS《船舶噪声检测指南》中要求进行噪声级测量。

一、测量时环境状态

为了能更加客观地获取船上的噪声源设备在正常工作状态下对船上各个舱室所产生的噪声值,应尽可能要求船舶所在海域的水深、气象状况,以及外部环境满足一定的条件,具体要求如下。

1. 测量区域水深

当进行海上试航工况测量时,测量区域水深应不小于 5 倍船舶吃水,如确实无法满足时应选择水深尽可能大的区域进行测量,并在噪声检测报告中记录。港口作业工况测量时应尽可能确保测量区域水深不小于 5 倍船舶吃水,如确实无法保证时应尽量选择水深尽可能大的泊位进行测量,并在噪声检测报告中记录。

2. 测量气象条件及海况

在室外测量噪声时应选择风力不超过蒲氏 4 级、波高不超过 1 m 的气象条件下进行。当在有显著空气流动的区域进行测量时,应按照声级计说明书的要求适时加装防风罩,并确认防风罩的加装对噪声测试结果的影响小于 0.5 dB。

当进行海上测量工况时,如果测量区域的气象条件及海况确实无法满足要求时,可以在确保安全的前提下首先对船舶外部声源所产生的噪声(背景噪声)予以测量,并在最终测量结果中参照式(5 – 9)进行背景噪声修正,但必须在报告中记录实际测量时的气象条件及海况。

$$L_C = 10\log(10^{0.1L_M} - 10^{0.1L_B}) \qquad (5 - 9)$$

式中　L_C——经修正后船上实际噪声级;

　　　L_M——实际测得的船上原始噪声级;

　　　L_B——实际测得的船舶以外声源所产生的噪声级。

当无法进行计算时,也可采用表 5 – 2 或图 5 – 1 对船上噪声测量结果进行修正,无论采用何种方法进行修正都应当在最终测试报告中予以说明。

表 5 – 2　船上噪声测量结果修正表　　　　　　　　单位:dB

$L_M - L_B$	L_C	$L_M - L_B$	L_C	$L_M - L_B$	L_C	$L_M - L_B$	L_C
10.00	$L_M - 0.458$	7.00	$L_M - 0.967$	5.50	$L_M - 1.438$	4.00	$L_M - 2.205$
9.80	$L_M - 0.480$	6.90	$L_M - 0.992$	5.40	$L_M - 1.478$	3.90	$L_M - 2.272$
9.60	$L_M - 0.504$	6.80	$L_M - 1.018$	5.30	$L_M - 1.519$	3.80	$L_M - 2.342$
9.40	$L_M - 0.530$	6.70	$L_M - 1.045$	5.20	$L_M - 1.561$	3.70	$L_M - 2.415$

表 5 - 2(续)

$L_M - L_B$	L_C	$L_M - L_B$	L_C	$L_M - L_B$	L_C	$L_M - L_B$	L_C
9.20	$L_M - 0.556$	6.60	$L_M - 1.072$	5.10	$L_M - 1.605$	3.60	$L_M - 2.491$
9.00	$L_M - 0.584$	6.50	$L_M - 1.101$	5.00	$L_M - 1.651$	3.50	$L_M - 2.570$
8.80	$L_M - 0.614$	6.40	$L_M - 1.130$	4.90	$L_M - 1.698$	3.40	$L_M - 2.653$
8.60	$L_M - 0.645$	6.30	$L_M - 1.160$	4.80	$L_M - 1.747$	3.30	$L_M - 2.739$
8.40	$L_M - 0.678$	6.20	$L_M - 1.191$	4.70	$L_M - 1.797$	3.20	$L_M - 2.829$
8.20	$L_M - 0.713$	6.10	$L_M - 1.223$	4.60	$L_M - 1.849$	3.10	$L_M - 2.922$
8.00	$L_M - 0.749$	6.00	$L_M - 1.256$	4.50	$L_M - 1.903$	3.00	$L_M - 3.021$
7.80	$L_M - 0.788$	5.90	$L_M - 1.290$	4.40	$L_M - 1.959$	<3.00	测量无效
7.60	$L_M - 0.829$	5.80	$L_M - 1.325$	4.30	$L_M - 2.017$		
7.40	$L_M - 0.872$	5.70	$L_M - 1.362$	4.20	$L_M - 2.077$		
7.20	$L_M - 0.918$	5.60	$L_M - 1.399$	4.10	$L_M - 2.140$		

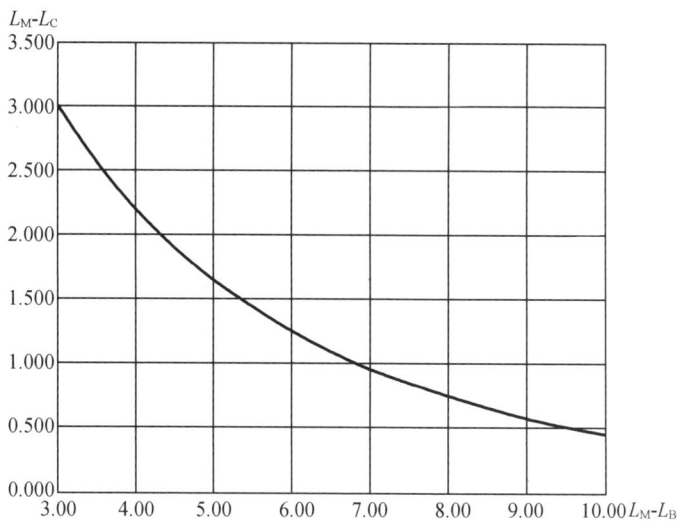

图 5 - 1　船上噪声测量结果修正曲线

3. 背景噪声要求

船舶外部声源在测量时有时也会影响到测量位置处的船上噪声声级,是否影响船上噪声测量结果可根据如下方法进行判断:

①当船上噪声的原始测量值(L_M) - 背景噪声(L_B)≤3 dB,测量无效。

②当船上噪声的原始测量值(L_M) - 背景噪声(L_B)≤10 dB(但 >3 dB),应认定外部声源会影响船上噪声测量结果,且必须根据相关要求对测量结果进行修正。

③当船上噪声的原始测量值(L_M) - 背景噪声(L_B) >10 dB,可认为外部声源所产生的噪声不影响船上噪声测量结果,无须对测量结果进行修正。如怀疑船舶以外声源所产生的噪声可能影响到船上噪声测量结果时,应首先对船舶外部声源所产生的噪声进行测量,并

对最终船上噪声测量结果予以修正。

4.其他影响测量的环境条件

若测量位置附近有大块反射面,应尽量避免在距离反射面太近的混响区内进行测量。若测量区域附近存在大功率电气设备,应尽量避免在该设备 0.5 m 区域内进行测量,以免电气设备对积分声级计形成电磁干扰。各类可能影响噪声测量准确性的因素如确实无法避免时,应当将这些因素记录在噪声检测报告中。

二、噪声测量时的船舶状态

1.海上试航工况下船舶状态

①测量应在船舶满载或压载工况下进行。如在压载工况下进行测试应确保螺旋桨完全浸没水中,且在保证船舶试航浮态的前提下,螺旋桨的浸没深度应尽可能大。测量时船舶应尽可能保证直航。

②噪声测量时主机功率应不小于最大持续额定功率(MCR)的 80%。当船舶采用可调螺距和垂直翼螺旋桨时,桨叶应处于正常的航行位置。

③噪声测量工作开始前,所有船舶正常航行及工作状态下所需的机械设备、航行仪器、无线电和雷达装置等都已经处于其相应的工作状态,且整个测量过程中这些设备都应保持此种状态。但以下设备应予以关闭:

a.汽笛、雾笛等声响信号;

b.直升机作业相关设施;

c.通用广播及各类报警信号;

d.其他在船舶正常航行或工作状态下仅需要偶尔短时间运转的设备。

④通常情况下,在测量舱室噪声时,船上所有的应急设备如应急发电机、应急消防泵等都应处于关闭状态,对于存放有应急设备的舱室,应当在应急设备工作状态下再测量一次舱室内的噪声。

⑤噪声测量时,船上机械通风、加热和空调设备应开启,其运行时的输出功率应符合设计条件。

⑥在进行噪声测量时,舱室门和窗一般应关闭。如果这些门或窗在船舶正常航行及工作时必须处于开启状态,则在测试时也应开启。

⑦进行噪声测量时处所内所有必要的设备应尽可能安装到位。

2.高噪声设备运行时附加测试时船舶状态

如果船舶配备有艏侧推、防摇装置、动力定位装置(DP)或其他可能在工作时产生高声级噪声的装置,应在这些高噪声设备运行时进行附加噪声测试。如果此类设备拟用于连续工作(如减摇鳍、抗横倾水泵等),则应对该设备所在舱室及该舱室附近舱室的噪声状况进行测量,测量结果应确保符合 CCS《船舶噪声检测指南》的要求。如此类系统为短暂使用(如港内操纵期间),则仅需对设备所在舱室噪声进行测量,测量结果应确保船舶符合相关规定。高噪声设备运行时附加噪声测试船舶状态要求如下:

①艏侧推。对于艏侧推,噪声测量应在该推进器最大推进功率的40%时进行,此时船舶采用适合于推进器工作状态的航速。

②动力定位装置(DP)。如果船舶安装了拟用于正常工作状况的动力定位装置(DP),则应进行附加的DP模式下的噪声测量。船厂、船东、DP设计方应商定一种模拟DP推进器系统工作的噪声测量工况。DP推进器的工作条件要大致相当于船舶营运的设计环境条件,进行噪声测量时DP推进器的输出功率应不小于其最大功率的40%。测试时DP的工况应记录在测量报告中。

③如船上安装有其他可能产生高噪声的装置,且这些装置对于船舶的正常营运是必须的,应针对此类设备进行附加的噪声测量,在进行噪声测量时这些设备的输出功率至少应足以维持其特定功能,且其输出功率应不小于其最大输出功率的40%。

3. 港内作业工况船舶状态

①辅机运行状态。为船舶在港内作业提供电力的发电机应处于运行状态,其功率应足以维持船舶港内作业(包括货物装卸设备)所需电能。为发电机服务的辅助机械均应处于工作状态,其输出功率应与发电机的额定功率相匹配。

②机械通风及空调设备运行状态。机械通风及空调设备应处于运行状态,空调送风及回风系统的风机应开启。对于港内作业状态下能够进行自然通风的舱室,测试时舱室内的空调送风口可以关闭。对于港内作业状态下必须通过空调送风管进行通风的舱室,空调送风口应开启至满足该舱室最低通风要求的位置。当无法确定舱室最低通风量时,空调送风口应开启至最大位置。

③当船舶货物装卸设备的噪声可能导致受其作业影响的值班站和居住处所的噪声高于所规定的最大声级时,可以对可能受其影响的值班站及居住处所的噪声级进行测量。

三、船舶噪声测量程序

船上噪声测量时通常应根据如下程序进行。

1. 环境条件确认

测量前应确认环境条件及船舶工况是否符合相关要求。被测量处所内应只有操作船舶所需的船员和测量人员在场,与船舶航行及工作无关的背景噪声应降至最低。

2. 测量仪器校准

在下列情况下,积分声级计必须校准:

①测量进行前及结束后;

②在测量过程中,如需进行测试处所声压级变化梯度明显时(预计声级差超过30 dB),例如,在结束机器处所噪声测量后即将进行船员居住处所测试时,应对积分声级计重新校准;

③积分声级计读数状况与被测量处所实际噪声状况明显不符时。

3. 背景噪声测量

当外部背景噪声影响到船上噪声测量结果时,对背景噪声进行测量并记录,以便在最终测试报告中对船上噪声测量结果予以修正。

对船舶以外声源所产生的噪声进行测试应在确保船舶安全的前提下进行。通常进行背景噪声测量时，船上噪声源应处于关闭状态。背景噪声测量点应与相应的船上噪声测量点一致。

应当注意当进行海上试航工况噪声测量时，如果将主机、发电机、风机等形成船上主要噪声源的设备全部关闭非常危险时，例如需测定船舶以外声源所产生的噪声，可以采取将船上噪声源设备输出功率降低到一个比较低的值。

4. 船上噪声测量

噪声级测量应采用积分声级计以空间平均值方式进行，当对居住处所进行测量时传声器应缓慢地在测量点水平方向或垂直方向上移动超过 1 m。

当舱室内噪声超标时，应采用倍频程滤波器以 1/3 倍频程读取该舱室内噪声值，以便分析该舱室内噪声超标的原因。

四、船上噪声测量点布置

一般情况下，噪声测量点（即传声器位置）应符合如下原则：

①测量点应尽可能选择靠近人员工作的位置。

②测量时传声器应放在甲板以上 1.2 m（模拟坐着的人员）和 1.6 m（模拟站着的人员）之间的高度处。

③两个测量点之间的距离至少应为 2 m，在无机器的大处所内，整个处所应按不大于 10 m 的间距（包括最大噪声级位置在内）进行测量。

④传声器位置应距离反射表面 1 m 以上，并尽可能远离反射表面。对于船上狭小位置可适当放宽要求，但无论如何传声器与反射表面的距离不应小于 0.5 m。反射表面对声级测量的影响可采用如下方式进行评估：

声源到反射表面的距离为 A，反射表面到声级计的距离为 B，声源到声级计的距离为 C，则当 $(A + B) > 3C$ 时，即路程距离比大于 3 时，单一反射面对声级测量的影响小于 0.5 dB，此时反射面对声级测量的影响可以忽略不计。

⑤在测量噪声级时，传声器的位置与气流方向的夹角应尽可能不小于 30°，且距发动机、通风、空调和冷却系统的进气口或排气口边缘不小于 1 m。

⑥在电力设备附近测量时，应考虑电磁场对测量结果的影响。如果改变传声器方位（不改变位置）发现积分声级计指示的声级有明显变化，应变换声级计的方位或者在离磁场更远的地方进行测量。

⑦在振动明显的环境中进行测量时应考虑振动对测量结果的影响，避免振动方向与声级计的膜片方向垂直。

具体处所噪声测量点位置布置可分为：

①机器处所；

②驾驶处所；

③居住处所与服务处所；

④其他船员可能短时暴露处所；

⑤高噪声设备运行处所。

1. 机器处所测量点的布置

①机器处所内测量点的选择应当尽可能靠近船员的主要工作位置,特别是那些靠近电话所在处和传话及声响信号设备的重要位置,形成噪声源的机器设备附近的噪声级必须进行测量。

测量点的选择应符合以下规定:传声器通常距离上述机器以及甲板、舱壁、其他大的表面或空气进口等的距离应不小于 1 m。如不可能小于 1 m,测量应在机器和相邻反射表面之间的中点处进行。测量点的间距应不小于 2 m,但也不应大于 3 m。当在大型发动机或其他空间较大的机器处所(如通常货船的机舱)内进行测量时,在按上述间距测得的声压级 dB(A)变化不超过 5 dB,且测得的声压级均满足噪声限值要求,为了避免进行大量不切实际的测量和记录,不必在每个位置都进行记录。但是,应对主机、发电机、锅炉等重要设备的本地控制位置以及最大噪声级的位置进行全面测量,在每层机舱平台上应至少记录 4 次测量结果。

②机器控制室内的测量点应至少包括:所有机器控制台操作位置(包括主操作台与应急操作台);控制室通信位置;当控制室内有配电板时,配电板的操作位置;其他船员可能工作的位置。测量点应选择尽可能靠近船员工作的位置,测量点的间隔不应小于 2 m,但也不应大于 10 m。

③非机器处所组成部分的船员工作房间:测量点的间隔不应小于 2 m,但也不应大于 10 m,并尽可能选择靠近船员工作的位置(机床、钻台、工作台、电焊位置等),测量时相应的设备应处于运行状态,但在报告中只需要记录测量结果的最大值。

④露天甲板上船员工作机器处所测量点选择:测量点应尽可能选择靠近船员实际工作的位置。如果这类处所的噪声级在不同的位置有显著差异时,即大于 5 dB(A)时,则应在其他测点进行补充测量。

2. 驾驶处所的测量

驾驶处所内测量位置主要有:正常驾驶、操舵位置;室内及驾驶室两翼瞭望位置;航行灯、雷达等助航设备操作位置;海图作业位置;无线电设备操作位置、火警、通用广播、通用报警值班及操作位置、其他需要连续有船员值班的位置。

以上每个位置至少应测量 1 点。当被测量的处所范围较大时(长或宽大于 10 m)可适当增加测量点,各测量点之间的间隔不应小于 2 m,但也不应大于 10 m,在报告中只需要记录测量结果的最大值。驾驶台两翼船员瞭望位置的噪声均应进行测量,测量应在其中一翼处于船舶背风面时进行,测量点应尽可能靠近舷边。当风力大于蒲氏 2 级时应使用传声器风罩,并在报告中记录实际风速。

3. 居住处所和服务处所的测量

居住处所和服务处所内噪声测量范围主要包括:船员居住舱室(抽样检测)、医务室、餐厅、娱乐室及露天娱乐区域、办公室、厨房、备膳室和配餐间。

船员居住舱室通常采用抽样的方式进行检测。测量居住舱室的总数应不少于舱室总数的 40%。当测量舱室的总数少于舱室总数的 40% 时,应选择较为靠近噪声源的舱室且具有一定代表性的舱室,并使船旗国主管机关满意。

居住处所和服务处所内测量点的数量及位置应根据舱室面积的大小确定,测量点的选取应符合以下要求:

①对于长宽均小于 10 m 的处所:应至少测量 1 点并在测试报告中记录。测量点应选择尽可能靠近该处所的中央的位置(图 5 - 2)。

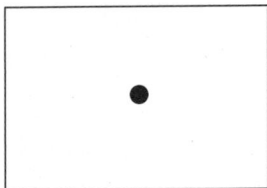

图 5 - 2　长宽均小于 10 m 的处所

②对于长或宽其中一者大于 10 m 的处所:应至少测量 3 点,但在测试报告中只须记录所有测定结果的最大值。测量点应选择尽可能靠近该处所中央的 1 点和长或宽(大于 10 m 者)方向距离处所中央位置最远的 2 点(图 5 - 3)。各测量点之间的距离应不小于 2 m 且不大于 10 m,任何测量点距处所边界的距离不得小于 0.5 m,当被测量处所位置较大而无法满足此要求时应适当增加测量点。

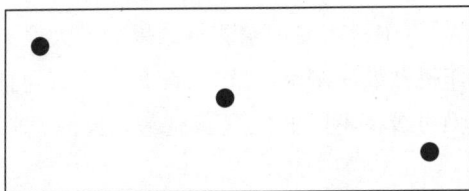

图 5 - 3　长或宽其中之一大于 10 m 的处所

③对于长和宽均大于 10 m 的处所:应至少测量 5 点,但在测试报告中只须记录所有测定结果的最大值。测量点应选择尽可能靠近该处所中央的 1 点和尽可能靠近该处所四角的 4 点(图 5 - 4)。各测量点之间的距离应不小于 2 m 且不大于 10 m,任何测量点距处所边界的距离不得小于 0.5 m,当被测量处所位置较大而无法满足此要求时应增加测量点。

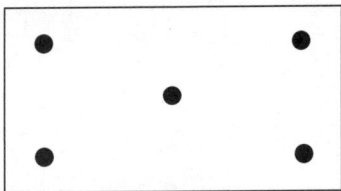

图 5 - 4　长和宽均大于 10 m 的处所

④对露天甲板上娱乐活动用的所有区域内的噪声进行测量时,测量点的位置应选择该处所中靠近噪声源的典型位置进行测量,测试报告中只须记录测量结果的最大值;如果这类处所的噪声级在不同的位置有显著差异时,即大于 5 dB(A)时,则应在其他测量点进行补充测量,补充测量结果应在测试报告中记录。

4. 其他船员可能短时间暴露的处所

对其他船员可能短时间暴露的处所进行测量时,测量点应尽可能靠近船员实际可能暴露的位置并至少测量 1 点。如该处所空间较大可结合处所内噪声分布的特点适当增加一些测量点,测量点之间的间隔不应小于 2 m,但也不应大于 10 m,在报告中只须记录所有测量点中的最大值;对货舱内需要有人员作业的区域,测量点应尽可能靠近船员实际工作的位置,每个货舱至少应测量 3 点。

进行高噪声设备运行附加测量时,测量点应尽可能靠近船员实际可能暴露的位置并至少测量 1 点。如该处所空间较大可结合处所内噪声分布的特点适当增加一些测量点,测量点之间的间隔不应小于 2 m,但也不应大于 10 m,在报告中只须记录所有测量点中的最大值。

五、噪声暴露等级计算及限制

1. 噪声暴露等级计算

船舶噪声测量工作完成后,应确认测量结果是否满足《船舶噪声检测指南》的相关要求,如果测量结果满足要求,应提供一份噪声暴露等级计算报告,该报告应包括船上每一类船员的噪声暴露等级,确认所有船员的噪声暴露等级不超过 80 dB。

暴露等级应根据 ISO 9612:2009《声学 职业性噪音暴露的测定 工程方法》计算,也可参考以下简化程序计算。

①每类船员的噪声暴露等级可以按照下述简化方法进行计算:

$$L_{\mathrm{ex,24\,h},i} = L_{\mathrm{Aeq},i} + 10\mathrm{Log}(T_i/T_0) \qquad (5-10)$$

式中　T_i——船上每个处所的有效暴露时间;

　　　T_0——基准时间 24 h;

　　　$L_{\mathrm{Aeq},i}$—每个处所的 A 计权等效连续声级(试航时每个处所的测量结果)。

②根据每个处所的噪声因子计算每类船员的噪声暴露等级 $L_{\mathrm{ex,24\,h}}$:

$$L_{\mathrm{ex,24\,h}} = 10\left(\sum_{i=1}^{n} 10^{\frac{L_{\mathrm{ex,24\,h},i}}{10}}\right) \qquad (5-11)$$

③船员暴露等级计算举例:以电工为例计算其一天的暴露量。将电工的一整天分为下列几个部分,见表 5-3,按式(5-11)计算结果见表 5-4。

表 5-3　电工的一整天时间分配表

序号 i	电工所在位置	时间 T_i/h
1	工作间	5
2	机械控制室	2

表 5 - 3(续)

序号 i	电工所在位置	时间 T_i/h
3	船舶办公室	2
4	机舱	1
5	非当班	14
合计		24

表 5 - 4　电工暴露等级计算结果

岗位类型	符号、单位	电工	地点/处所						
			驾驶台	船舶办公室	机械控制室	工作间	机舱	厨房	非当班
测得的 A 计权等效连续声级	$LA_{eq,i}$ /dB(A)		64	63	75	84	85	72	60
有效暴露时间	T_i[h]		0	2	2	5	1	0	14
噪声因子	$L_{ex,24h,i}$ /dB		0	52.2	64.2	77.2	71.2	0	57.7
噪声暴露级 $L_{ex,24h}$/dB	$L_{ex,24h}$ /dB	78.3							

2. 船员暴露于高噪声级的限制

船上船员的噪声暴露等级和时长限制应符合图 5 - 5 的要求。

A 区 - 非暴露:采取听力保护措施时最大暴露要求为即使是佩戴听力保护器的船员,也不应暴露于超过 120 dB(A)的噪声级或超过 105 dB(A)的 $L_{Aeq,24h}$。

B 区 - 偶尔暴露:仅允许偶尔暴露,并应使用具有 25 ~ 35 dB(A)降噪效果的听力保护器。

C 区 - 偶尔暴露:仅允许偶尔暴露,并应使用具有至少 25 dB(A)降噪效果的听力保护器。

D 区 - 日暴露:如果船员的例行工作(日暴露)在噪声级位于 D 区的处所内进行,应使用带有至少 25 dB(A)降噪效果的听力保护器。

E 区 - 无保护的最大暴露:没有采取听力保护措施的船员,不应暴露于噪声值超过 85 dB(A)的环境中,且在 85 dB(A)的环境中,其暴露时间不应超过 8 h。如果船员在高噪声级舱室中的暴露时间超过 8 h,其 A 计权噪声暴露等级的计算结果不应超过 80 dB(A)。且在每 24 h 中至少有三分之一时间内,每个船员应处于噪声级不超过 75 dB(A)的环境中。

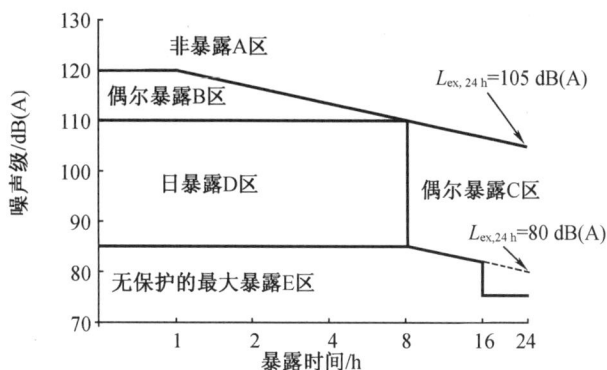

图 5 - 5　噪声暴露等级和时长限制

六、现场测试计权隔声指数的测量

1. 计权隔声指数的规范要求

《船舶及船用产品噪声检测指南》要求船舶舱室居住处所之间的舱壁和甲板结构的隔声特性应符合下列计权隔声指数（R_w）：

居住舱室到居住舱室 $R_w \geqslant 35$；

餐厅、娱乐室、公共处所和娱乐处所到居住舱室和医疗室 $R_w \geqslant 45$；

走廊到居住舱室 $R_w \geqslant 30$。

居住舱室到带有交通门的居住舱室 $R_w \geqslant 30$。

2. 现场测试计权隔声指数 R'_w 的要求

《船舶及船用产品噪声检测指南》要求仅对以下情况下选取有代表性舱室的分隔板、地板，进行现场测试计权隔声指数 R'_w 的船上测量。

①有证据表明隔声材料的隔声指数不能满足计权隔声指数 R_w 要求；

②对隔声材料的结构形式和相关原材料物理特性存在疑义；

③对隔声材料的安装形式存在疑义；

④现场测试计权隔声指数 R'_w 与原计权隔声指数 R_w 的偏差不大于 3 dB。

3. 测量前准备

①船舶建造应完工。可在码头依靠时进行测量。

②为了降低船上自身机械运转产生的噪声对测量所产生的影响，应急设备停止工作。艏侧推、防摇装置、动力定位装置停止工作。舱室门窗处于关闭状态。

③测量时应注意船舶外部声源，例如人、娱乐、建造和修理工作所产生的噪声的影响。接收室内的声压级在任何频带应比背景噪声声压级至少高 10 dB，如不能满足，则按照要求进行修正。建议测量在船舶非施工状态下进行，并尽可能在晚上进行。

④在两个具有相同形状和尺寸的空房间之间进行测量时，应在每个房间加装扩散体（例如家具、建筑板材等），扩散体的面积至少为 1 m²，一般用 3 ~ 4 件即可，但这些扩散体应与房间结构有良好隔振，例如将扩散体放在弹性垫上。除上述情况，均可直接进行测量。

⑤声压级测量设备的精度应符合 IEC 1672—2003 和 IEC 60804—2000 标准定义的 0 级或 1 级的准确度要求。如果制造商没有其他要求,包括传声器在内的整个测量系统在每次测量之前应使用符合 IEC 60942—2017 标准定义的 1 级精度的校准仪进行校准。用于平面行波声场测量而校准的声级计,须进行扩散声场的修正。滤波器应符合 IEC 61260—2014 标准的要求。混响时间测量设备应符合 ISO 354:2003 标准的要求。

4. 现场测试

居住处所之间在测量频率内的现场测试计权隔声指数 R'_w 应由式(5－12)进行计算:

$$R'_w = L_1 - L_2 + 10\lg\frac{S}{A} \tag{5－12}$$

式中 L_1——声源室内平均声压级,dB;

L_2——接收室内平均声压级,dB;

S——隔墙的面积,m^2;

A——等效吸声量,m^2。

等效吸声量 A 可由赛宾公式进行计算:$A = 0.16V/T$,V 为接收室容积(m^3),T 为接收室的混响时间(s),即声源停止后,接收室内声压级衰变 60 dB 所需的时间。

如果两相邻房间错开布置或地面标高不同,S 是两个房间隔墙共有部分的面积。如果共有部分面积小于 10 m^2 则须在测试报告中注明,此时 S 按(S,$V/7.5$)中的较大值计算,其中 V 是接收室(其中较小的房间)容积,单位为 m^3。一般而言,只有当共有隔墙面积约为 10 m^2 时,现场测量结果与实验室测量结果才有可比性。

声源室与接收室平均声压级的现场测量应采用 1/3 倍频程频带滤波器进行测量,并至少采用下列中心频率:100 Hz、125 Hz、160 Hz、200 Hz、250 Hz、315 Hz、400 Hz、500 Hz、630 Hz、800 Hz、1 000 Hz、1 250 Hz、1 600 Hz、2 000 Hz、2 500 Hz、3 150 Hz。

声源室与接收室平均声压级测量结果修正:应测量背景噪声级以保证在接收室的测量不受诸如接收室外的噪声、接收系统电噪声或声源与接收系统间的串音等外部噪声的干扰。背景噪声级应比信号和背景噪声叠加的总声级至少低 6 dB(最好低 10 dB 以上)。如果声压级差小于 10 dB 而大于 6 dB,对声压级的修正可以由式(5－13)求出:

$$L = 10\lg(10^{L_{sb}/10} - 10^{L_b/10}) \text{ dB} \tag{5－13}$$

式中 L——修正后的声压级,dB;

L_{sb}——信号和背景噪声叠加的总声压级,dB;

L_b——背景噪声声压级,dB。

如果任一频带的声压级差小于或等于 6 dB,则均采用 6 dB 差值的修正量 1.3 dB 进行修正。

七、船舶噪声评价及舒适性附加标志

1. 船舶噪声测量评价

当所有噪声测量工作结束时,测量人员应及时根据表 5－5 要求对测量结果进行评定,也可在测试过程中及时对测试结果进行评定以确定是否进行复测。

表5-5　不同处所的噪声级极限规定　　　　　　　　　　　单位:dB(A)

舱室和处所的名称	船舶尺寸	
	1 600 至 10 000 总吨	≥10 000 总吨
工作处所		
机器处所	110	110
机器控制室	75	75
并非机器处所组成部分的工作间	85	85
未规定的工作处所(其他工作区域)	85	85
驾驶处所		
驾驶台和海图室	65	65
观察岗,包括驾驶台两翼和窗口	70	70
无线电室(无线电设备工作,但不产生声响信号)	60	60
雷达室	65	65
居住处所		
居住舱室和医疗室	60	55
餐厅	65	60
娱乐室	65	60
露天娱乐区域(外部娱乐区域)	75	75
办公室(包含没有床位的医疗室)	65	60
服务处所		
厨房(食物加工设备不工作)	75	75
备膳室和配膳间	75	75
其他船员可能短时暴露处		
预计在 85 dB 以上的处所	90	90

2.船舶噪声舒适性附加标志

在 CCS《钢质海船入级规范》中,对噪声舒适性附加标志 COMF(NOISE N)进行了明确规定。N 为舒适度等级,有 1,2,3 级,其中 1 表示舒适度最高等级,3 表示可接受舒适度等级。如果每一舱室或处所的噪声量级均不大于其舒适度等级对应的衡准,则该等级即为该船的噪声舒适度等级。噪声测量结果与舒适性衡准允许有较小的偏差。不超过 20% 船员处所的噪声量级可以比允许的最大噪声量级大 1.5 dB。

乘客处所允许的最大噪声量级见表 5-6。乘客处所是指供乘客使用的处所,包括乘客舱室、乘客公共处所(例如餐厅、医务室、健身房、商店、露天甲板休闲场所等)。

表 5 - 6　乘客处所允许的最大噪声量级　　　　　　　单位:dB(A)

位置	噪声舒适度等级		
	1	2	3
乘客高级舱室	45	47	50
乘客标准舱室	49	52	55
乘客公共处所	55	58	62
医务室	49	52	55
剧院	53	55	60
露天甲板场所[1][2][3]	65	69	73

注:①对运动场所可以接受 5 dB(A)的偏差;

　　②当在距离通风进出口 3 m 内测量时可以接受 5 dB(A)的偏差;

　　③露天甲板场所噪声量级应为船舶所产生的噪声,不考虑风、波浪等其他噪声的影响。

依据 ISO R717/1 计算所得的乘客处所舱壁和甲板的空气隔声指数 R_w 应符合表 5 - 7 的规定。

表 5 - 7　乘客处所舱壁和甲板的空气隔声指数 R_w　　　　　单位:dB(A)

位置	噪声舒适度等级		
	1	2	3
乘客高级舱室间	45	42	40
乘客标准舱室间	40	38	36
乘客高级舱室与走廊间	42	40	37
乘客标准舱室与走廊间	38	36	34
乘客高级舱室与楼梯间	50	47	45
乘客标准舱室与楼梯间	47	45	43
乘客高级舱室与乘客/船员公共处所间	55	50	50
乘客标准舱室与乘客/船员公共处所间	52	48	48
乘客舱室与舞厅间	60	60	60
乘客舱室与机器处所间	55	53	50
舞厅与楼梯间以及乘客/船员公共处所间	52	52	52

不超过20%测量位置的舱壁和甲板的隔声指数可以比表中的最小空气声隔声指数小 3 dB(A)。

船员舱室与船员公共处所允许的最大噪声量级与舒适度等级见表 5 - 8。

表 5-8 船员舱室与船员公共处所允许的最大噪声量级与舒适度等级   单位:dB(A)

位置	噪声舒适度等级		
	1	2	3
船员卧室	49	52	55
医务室	49	52	55
会议室、办公室、船员餐厅	55	57	60
船员公共处所	57	60	65
厨房、更衣室、洗衣房、浴室	70	73	75
露天甲板场所	70	73	75

船员工作场所允许的最大噪声量级与舒适度等级见表 5-9。

表 5-9 船员工作场所允许的最大噪声量级与舒适度等级   单位:dB(A)

位置	噪声舒适度等级		
	1	2	3
机舱控制室	70	73	75
驾驶室	60	63	65
报务室	55	57	60
机修间	85	85	85
机器处所	110	110	110

依据 ISO R717/1 计算所得的船员处所舱壁和甲板的空气声隔声指数 R_w 应符合表 5-10 的规定。

表 5-10 船员处所舱壁和甲板的空气隔声指数 R_w 单位:dB(A)

位置	噪声舒适度等级		
	1	2	3
船员舱室间	40	38	35
船员舱室与走廊间	35	32	30
船员舱室与楼梯间	35	32	30
船员舱室与乘客/船员公共处所间	45	45	45

不超过 20% 的测量位置的舱壁和甲板的隔声指数可以比表中的最小空气声隔声指数小 3 dB(A)。

第四节　船舶水下噪声测量技术

一、船舶水下噪声测量要求

近年来,随着降低船舶水下辐射噪声对环境影响的要求,CCS 结合我国造船实际制定了《船舶水下辐射噪声指南》,其中对以水声设备操作实现其重要服务功能的船舶提出了水下辐射噪声限值,见表 5 - 11 与图 5 - 6。对船舶的水下辐射噪声 1/3 倍频程频带声压级进行测量,并换算得到的距离等效声中心 1 m 处的声源级。

表 5 - 11　水下辐射噪声限值

附加标志分类	限值标准 dB(参考声压 1 μPa)	频率范围
Underwater Noise 1	145.3	$10 \sim 100$ Hz
Underwater Noise 1	$128.7 + 8.3 \lg f(\mathrm{Hz})$	100 Hz ~ 1 kHz
Underwater Noise 1	$153.6 - 12 \lg f(\mathrm{Hz})$	$1 \sim 100$ kHz
Underwater Noise 2	$163 - 6 \lg f(\mathrm{Hz})$	$10 \sim 100$ Hz
Underwater Noise 2	$139 + 6 \lg f(\mathrm{Hz})$	100 Hz ~ 1 kHz
Underwater Noise 2	$157 - 12 \lg f(\mathrm{Hz})$	$1 \sim 100$ kHz
Underwater Noise 3	168	$10 \sim 100$ Hz
Underwater Noise 3	$208 - 16 \lg f(\mathrm{Hz})$	100 Hz ~ 1 kHz
Underwater Noise 3	$160 - 12 \lg f(\mathrm{Hz})$	$1 \sim 100$ kHz

注:f 为 1/3 倍频程中心频率。

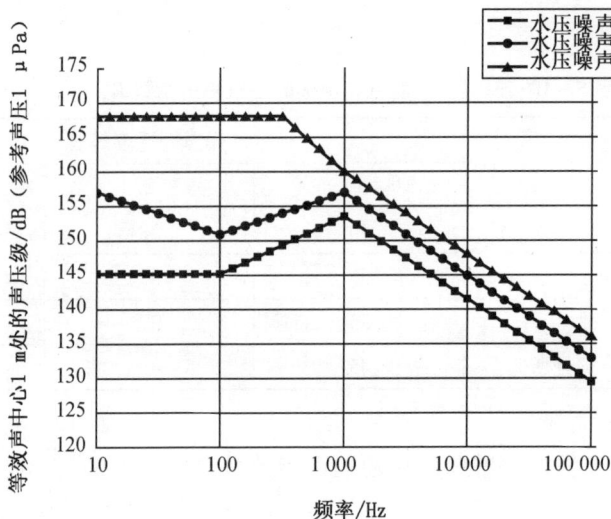

图 5 - 6　水下辐射噪声限值

经测量满足限制要求的船舶可授予下列船舶水下辐射噪声附加标志：Underwater Noise N。N 为水下辐射噪声等级，N = 1,2,3，其中 1 表示水下辐射噪声最高等级。

二、水下辐射噪声测量方法

（一）测量设备

船舶水下辐射噪声测量系统包括声学测量设备、距离测量设备、航速测量设备，各测量设备之间应同步进行。水下辐射噪声测量方法可采用单水声器方法和多水声器方法。

1. 声学测量设备

当采用单水声器方法时：

（1）声学测量设备包括 1 个无指向性水听器与数据采集设备（必要时可加装测量放大器）。当测量在远海或当陆地测量受限时，测量设备可放置在辅助船上。

（2）水听器辅助结构应不影响测试结果，可采用开放式钢架，支架一般为细长构件，钢架结构底座面积应为 0.4 ~ 0.7 m^2。

当采用多水声器方法时，声学测量系统至少由 3 个无指向性水听器及数据采集设备（必要时可加装测量放大器）构成。

注：船载布放的声学测量系统至少由 1 个无指向性水听器构成，实施船载布放的船舶应具有自航、施放及回收声学测量系统的能力。

（3）数据采集设备的采样频率至少为最大分析频率的 2 倍。

（4）水听器应内装前置放大器，在 10 Hz ~ 50 kHz 范围内，水听器灵敏度的最大不确定度应在 3 dB 之内。

（5）采集和数据分析设备的动态范围应不小于 90 dB。

（6）水听器、数据采集设备应由有资质的机构进行校准，并处于有效期内。

2. 距离测量设备

（1）应进行距离测量，以确定被测船舶与水听器之间的距离。

（2）距离测量精度应在 ±5 m 之内。

（3）距离测量应在每个完整航次中以 2 s 为周期进行连续记录。

3. 记录每一测量航次的船舶航速

一般情况下，可采用安装在船上的航速测量设备进行测量。

4. 声速剖面测量设备

为了更精确进行传播损失计算，可使用 CTD（电导率、温度、深度）设备或声速剖面仪。声速剖面仪应每两年进行一次校准。

（二）水下噪声测量条件

1. 测量区域

（1）当采用单水声器方法时，龙骨下水深一般应不小于 40 m 与 $0.64v^2$ 的大者，v 为测量时被测船舶的航速，m/s；当采用多水声器方法时，测量地点最小水深一般应不小于 60 m 或 $0.3v^2$ 的大者。

（2）测量海域的海底应尽可能平坦，不应影响水声测量结果。海底土质应松软，以减小海底反射的影响;但应保证水听器的固定辅助装置不发生下沉;测量区域应海域开阔,远离航道,以保证被测船舶有充足的机动范围。同时周围 5 n mile 内无机动船干扰,海流流速小于 1.5 kn。

(3)测量应在海况不大于 3 级,且风力不大于蒲氏风级 4 级的条件下进行。

2. 被测船舶状态

(1)水下噪声检测应在船舶舾装完成后在正常航行状态下进行。除水声设备之外,正常工况所有可能使用的设备应同时开启,并处于正常工作状态。测量时,水声设备应处于关闭状态,除非水声设备是安全航行所必需的。

(2)应在典型或预期航行状态的工况下进行测量。

(3)对于船长 50 m 以上的船舶,一般应在航速 11 kn,且不使用侧推、不拖带任何物体的工况下测量;对于船长 50 m 及以下的船舶,一般应在航速 8 kn,且不使用侧推、不拖带任何物体的工况下测量。

(4)测量时,推进系统应处于稳定工作状态。在侧推工况,测量时侧推应处于 40% 额定功率。对于明确规定在水声设备工作时不使用侧推的船舶,测量时侧推可不开启。

(5)对于设计具有拖曳能力的船舶,还应在正常拖曳航速、拖曳测量设备或等效拖曳载荷的工况下进行测量。

3. 背景噪声

在船舶水下辐射噪声测量开始前及测量结束后,应对背景噪声进行测量。背景噪声测量时,被测船舶应在远离水听器的区域停机漂泊。背景噪声应至少测量 2 min,在测量期间,应检查实时信号的稳定性,以确保测量的可靠性。

被测船舶水下声压级应高于背景噪声至少 3 dB,背景噪声应低于原始水下声压级 3~10 dB,基于能量原理进行背景噪声修正。

辅助船应按测量大纲抛锚或漂泊。在测量过程中,辅助船应停止一切非必要的机械设备运转,停止影响噪声测量的所有活动,且保证低噪声供电。

(三)测量程序

1. 水听器布放

(1)当采用单水听器方法时,应按图 5-7 布放,并保证水听器与海底的距离不大于 0.5 m。

(2)当采用多水听器方法时,可采用坐底式布放或船载式布放进行测量。坐底式布放如图 5-8 所示,船载式布放如图 5-9 所示。水听器应远离测量船,距离不小于 100 m。

2. 船舶机动方式要求

(1)对于以水声设备操作实现其重要服务功能的船舶:

①测量时最小会遇距离应大于 150 m,并小于 250 m。

②对于自由航行船舶,被测船舶应按图 5-10 通过水听器。航行过程中应尽可能不使用舵和侧推并保证直线航行。

最小会遇距离
$150\ m \leqslant d_{CPA} \leqslant 250\ m$

辅助船　　　　　　　　　　　　被测船　　自由表面

测量海域水深$d \geqslant 40\ m$

水听器

$d \leqslant 0.5\ m$

海底

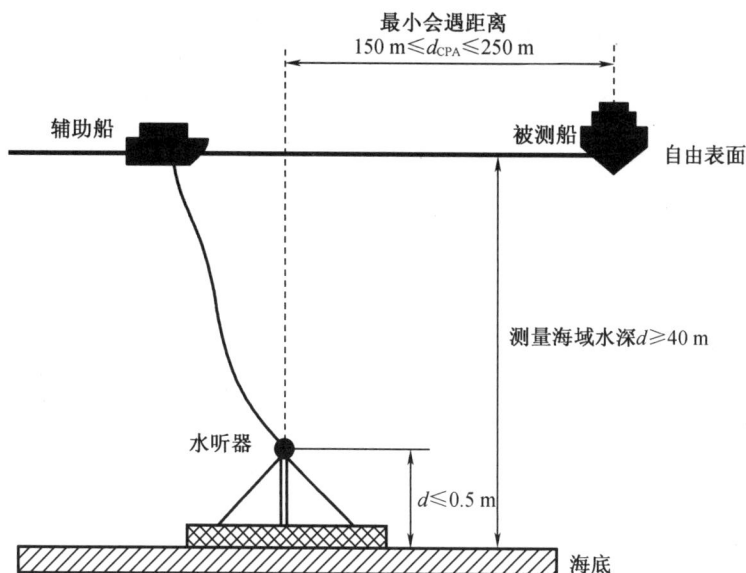

图5-7　水听器布放示意图

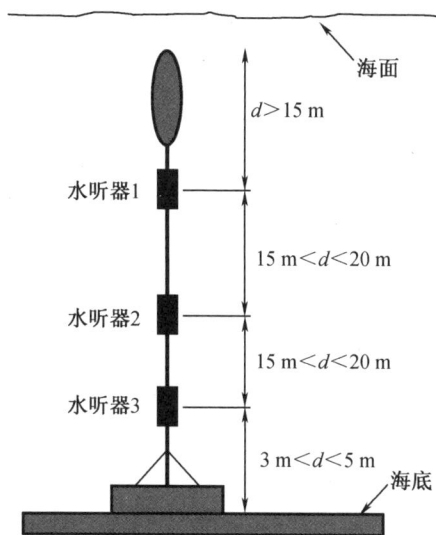

海面

$d > 15\ m$

水听器1

$15\ m < d < 20\ m$

水听器2

$15\ m < d < 20\ m$

水听器3

$3\ m < d < 5\ m$　海底

图5-8　坐底式布放的声学测量系统

③侧推工况时,船舶应按图5-11通过水听器。在设定的测量范围内船舶应尽可能靠近传声器回转航行,但须使得船舶至水听器的最小水平距离在150～250 m。

(2)对于自由航行,当被测船舶船首在距CPA点船长长度航程时开始数据记录,当被测船舶通过CPA点后,且船尾距CPA点船长长度航程时结束数据记录。在到达开始数据记录位置时,船舶应达到所要求的航行状态。

(3)对于自由航行,船舶应在同一工况下,分别在往返方向进行测量,测量结果应为往返方向测量数据的能量平均。

(4)对于侧推工况,艉部朝向水听器位置时开始回转,稳定后开始数据采集。以时域信号最大值两侧各取 15 s 时间的数据进行平均。约每 10 s 进行一次距离修正,整个工况的距离修正取各段修正距离的平均值。

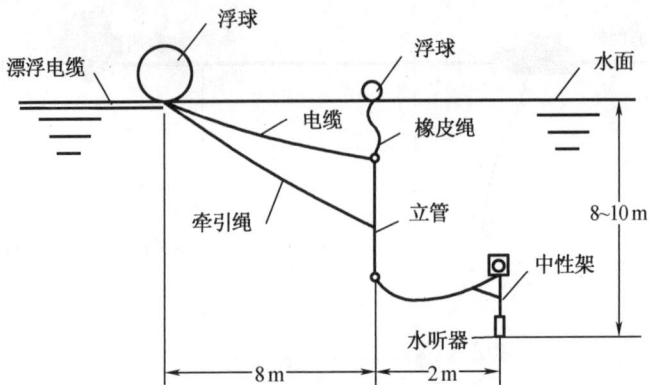

图 5 - 9   船载式布放的声学测量系统

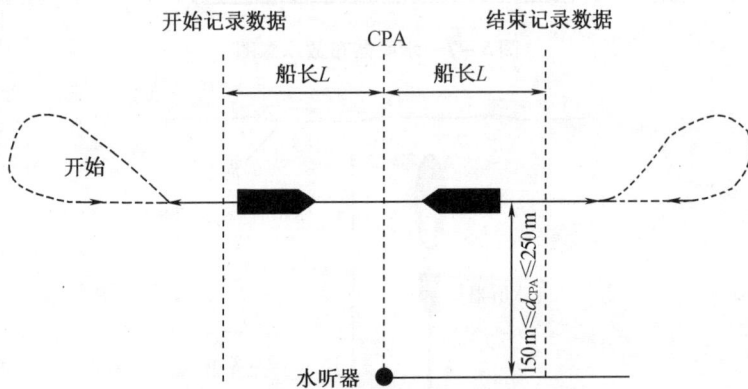

图 5 - 10   自由航行示意图

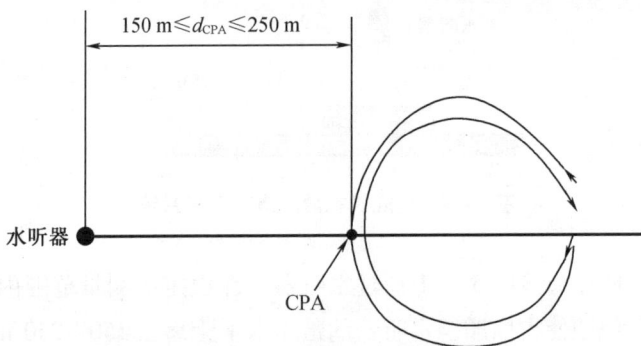

图 5 - 11   侧推工况航行示意图

(5)对于侧推工况,船舶应在同一工况下,分别在顺时针和逆时针的回转方向进行测量,测量结果应为顺时针和逆时针方向测量数据的能量平均。

(6)测试前,水听器的位置和深度误差应在 ±2 m 以内。船舶位置应使用差分 GPS 或等效导航设备进行记录。

3. 对其他要求降低水下辐射噪声对环境影响的船舶

（1）在船舶水下辐射噪声测量进行过程中，被测船舶以图 5 – 12 规定的方式进行机动，共须执行 6 个航次的测量。当被测船舶船首在距 CPA 点 800 m 或 4 min 航程时（取两者之中的最小值）开始记录数据，当被测船舶通过 CPA 点后，且船尾距 CPA 点 800 m 或 4 min 航程时（取两者之中的最小值）结束记录数据。在船舶到达开始记录数据位置时，船舶应达到所要求的航行工况。当被测船舶超过 10 000 总吨时，只须对被测船舶在 CPA 点距离为 d_{CPA} 时进行两个航次的测量即可，在此情况下，测量不确定度将要升高 1.5 dB。

（2）最小会遇距离（d_{CPA}）最小值应为 200 m 或 1 倍船长，取两者之中的大值。

（3）在船舶水下辐射噪声测量中，当在远距离处信噪比不足 3 dB 时，或被测船舶进行过减振降噪设计时，d_{CPA} 应被降低到 100 m 或 1 倍船长，取两者之中的大值。

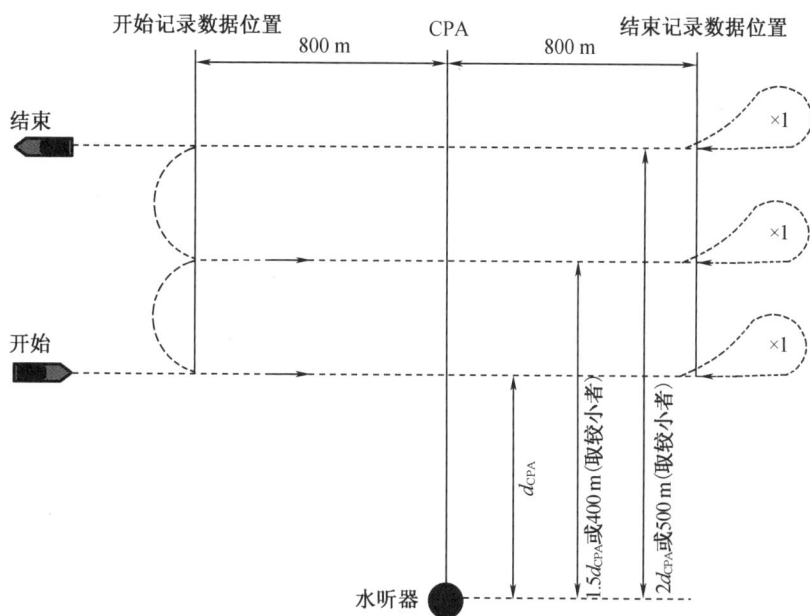

图 5 – 12　被测船舶的机动方式

三、数据处理与计算

对水听器记录的数据整体作为样本进行分析。测试所得水下辐射噪声声压级和背景噪声声压级均换算为 1/3 倍频程频带声压级，按 1/3 倍频程频带声压级进行背景噪声修正和传播损失修正。在实际测量中，当高频段（50～100 kHz）难以测量时，也可根据测得 10～50 kHz 的数据进行推算。

1. 背景噪声的修正

数据处理前先计算背景噪声的算术平均值 L_n，可按式（5 – 14）计算：

$$L_n = \frac{L_{n,s} + L_{n,e}}{2}$$

（5 – 14）

式中 $L_{n,s}$——水听器在测量开始前测得的背景噪声频带声压级；

$L_{n,e}$——水听器在测量结束后测得的背景噪声频带声压级。

测量开始前与结束后测得的背景噪声变化量 ΔL_n 为

$$\Delta L_n = |L_{n,s} - L_{n,e}|$$

测得的原始水下噪声声压级（含背景噪声）L_{pn} 与背景噪声 L_n 差值应按式（5 – 15）计算：

$$\Delta = L_{pn} - L_n \qquad (5 - 15)$$

对于所有的 1/3 倍频程：

①当 $\Delta > 10$ dB，无须进行背景噪声修正。

②当 3 dB $< \Delta < 10$ dB 且足够平稳，应按式（5 – 16）进行背景噪声修正：

$$L_p = 10\lg\left[10^{\frac{L_{pn}}{10}} - 10^{\frac{L_n}{10}} \right] \qquad (5 - 16)$$

式中 L_p——经背景噪声修正的频带声压级。

由背景噪声修正引起的误差应按式（5 – 17）计算：

$$\text{Error} = 10\lg\left(\frac{1 - 10^{\frac{-\Delta}{10}}}{1 - 10^{\frac{-\Delta + \Delta L_n}{10}}} \right) < 2 \text{ dB} \qquad (5 - 17)$$

当背景噪声修正引起的误差大于 2 dB 时，测量无效。

③当 $\Delta \leqslant 3$ dB，则测量无效，须重新进行测量。

2. 传播损失修正

（1）应考虑由于声音在水中传播所导致的传播损失，以便得到距声源参考距离 1 m 处的水下噪声声压级。

（2）按照式（5 – 18）对水下噪声声压级进行距离传播损失修正：

$$L_{po} = L_p + L_T \qquad (5 - 18)$$

$$L_T = 18\lg r \qquad (5 - 19)$$

式中 L_{po}——经距离修正的距声源参考距离 1 m 处的水下噪声声压级；

r——声源与水听器距离，m。

注：当测量地点水深大于 100 m 时，$L_T = 20\lg r$。

（3）考虑自由液面与海底的反射效应，各 1/3 倍频程频带声压级应进行 – 5 dB 的修正。

附录 A 振动与噪声检测报告

摘自 CCS《船舶振动控制指南》《船舶及产品噪声控制与检测指南》，仅供参考。

一、船舶振动测量报告

1. 基本数据

附表 1 基本数据

船名		类别		航区	
制造厂		所属单位		出厂年月	
船体			主机		
两柱间长 L_{pp}/m			制造厂		
型宽 B/m			型号×台数		
型深 D/m			额定功率/kW		
满载吃水 d/m			额定转速/(r/min)		
满载排水量 Δ/t			缸径×冲程×缸数		
载重量 D_W/t			发火次序		
方形系数 C_b			发电机		
螺旋桨			制造厂		
类型			型号×台数		
螺旋桨转速/(r/min)			额定功率/kW		
桨数×叶数			额定转速/(r/min)		
螺旋桨直径/m			缸径×冲程×缸数		
盘面比			发火次序		

2. 环境条件、测量状态和测量仪器

附表 2 环境条件、测量状态和测量仪器

环境条件			
测量水域		水深/m	
风力		浪级	
测量时船舶状态			
排水量/t		艏吃水/m	

附表2(续)

艉吃水/m			平均吃水/m	
测量期间机械状态				
主机	台数		转速/(r/min)	
发电机	台数		转速/(r/min)	
机舱通风机	台数		转速/(r/min)	
测量仪器与测量人员				
测量仪器	传感器		放大器	
	数据采集仪器		分析仪器	
	系统标定日期			
测量人员			测量日期	

3. 概述(至少包括:测量依据、测量条件、适用标准、测量结论)

4. 测点布置(处所名称和简图)

5. 船舶振动测量分析结果

附表3　船舶振动测量分析结果

序号	测点位置/处所名称	主机转速/(r/min)	频率/Hz	简谐次数	方向(垂向 V/横向 H/纵向 L)	速度/(mm/s)或位移/(mm)或加速度/(mm/s^2)	衡准

6. 振幅 – 转速曲线(典型位置)

7. 主要原始测量记录

二、机械振动测量报告

1. 基本数据

附表4　基本数据

船名		机械型号		测量时间	
测量单位		测量人员		测量地点	
测量仪器				仪器标定时间	
测量目的					

2. 概述(至少包括:测量依据、测量条件、适用标准、测量结论)

3. 测点布置(项目名称和简图)

4. 机械振动测量记录分析结果

附表5 机械振动测量记录分析结果

序号	项目名称	测点位置	主机转速 /(r/min)	频率 /Hz	简谐次数	位移 /mm	速度 /(mm/s)	衡准

5. 主要原始测量记录

三、轴系振动测量报告

(扭转振动/纵向振动/回旋振动测量报告)

1. 基本数据

附表6 基本数据

船名		机械型号		测量时间	
测量单位		测量人员		测量地点	
测量仪器				仪器标定时间	
测量目的					

2. 概述(至少包括:测量依据、测量条件、适用标准、测量结论)

3. 测点布置(项目名称和简图)

4. 振动测量记录分析结果

实测固有振动频率:

计算固有振动频率:

5. 扭振应力(扭矩)/振幅/应力–转速和许用值曲线

6. 主要原始测量记录

四、噪声检测报告

1. 船舶及机械设备概况

附表7 船舶及机械设备概况

1.1. 基本信息

船名		船籍港	
建造合同日期		IMO 编号	
安放龙骨日期		船舶类型	
交船日期		建造地点	

附表7（续1）

船舶所有人名称及地址	
船舶营运人名称及地址	
造船厂名称及地址	

1.2. 主尺度及吨位

长度/m	宽度/m	型深/m	夏季载重线吃水/m

总吨位	净吨位

1.3. 推进机械

制造厂	型号	数量

最大连续额定转速/(r/min)	最大连续额定功率/kW

正常设计营运轴转速/(r/min)	正常营运额定功率/kW

1.4. 减速齿轮箱

制造厂	型号	数量

1.5. 辅助柴油机

序号	用途	设备参数			
		制造厂	形式	数量	额定功率/kW
1					
2					

1.6. 推进器

类型		推进器数量	
桨直径/m		每桨叶片数量	
设计螺旋桨轴转速			

其他类型推进(特殊推进形式)

1.7. 通风设备

制造厂		形式	
风机直径/m		转速/(r/min)	
气流量/(m²/h)		总压力/Pa	

1.8. 高噪声级设备(适用时)

序号	设备名称	设备参数			
		制造厂	形式	数量	额定功率/kW

附表7（续2）

1					
2					
—	—	—	—	—	—

1.9.货物装卸设备(适用时)

序号	制造厂	形式	数量	额定功率/kW
1				
2				
3				
—	—	—	—	—

2.测量设备及人员

附表8　测量设备及人员

2.1.测量设备

设备名称	生产厂家	型号	产品编号
声级计			
传声器			
滤波器			
风罩			
校准仪			
其他设备			

2.2.设备校准

设备名称	校准日期	校准机构
声级计		
校准仪		

2.3.测量机构

名称	
地址	
认可机构	

2.4.测量人员

人员姓名		人员资质	
—	—	—	—

3.测量时环境条件

3.1.海上试航测量工况

附表9　海上试航测量工况

测量时间及地点			
测量日期	开始时间	结束时间	测量时船位

测量时船舶装载工况	

测量时气象条件			
风速/(m/s)	风力	海况	其他

测量时船舶吃水			
艏吃水/m	舯吃水/m	艉吃水/m	龙骨下水深/m

测量时船舶状态			
测试时航速/kn		设计航速/kn	
测量时推进机械运转台数		测量时发动机负荷/(%MCR)	
推进机械转速/(r/min)		推进机械输出功率/kW	
螺旋桨螺距		螺旋桨轴转速/(r/min)	
辅机运转台数		辅机输出总功率/kW	
机舱风机运转台数		风机转速/(r/min)	

其他运转中的通风、加热、空调设备：

高噪声级设备运转时附加噪声测量工况(适用时)			
序号	测试阶段运转设备的名称	测试时航速	时设备输出功率
—	—	—	—

3.2.港口作业工况附加噪声测量工况(适用时)

附表10　港口作业工况附加噪声测量工况(适用时)

测量时间及地点			
测量日期	开始时间	结束时间	测量时船位

测量时船舶装载工况	

测量时气象条件			
风速/(m/s)	风力	海况	其他

附表10（续）

测量时船舶吃水			
艏吃水/m	舯吃水/m	艉吃水/m	龙骨下水深/m

测量时船舶状态			
辅机运转台数		辅机输出总功率/kW	
机舱风机运转台数		风机转速/(r/min)	

其他运转中的通风、加热、空调设备：

货物装卸设备运转工况

序号	测试阶段运转设备的名称	测试时设备输出功率

4.海上试航测量数据

4.1.机器处所

附表11 机器处所

序号	位置	测量值 L_M/dB(A)	背景噪声 L_B/dB(A)	修正值 L_C/dB(A)	该处所允许的最大噪声 L_L/dB(A)	结论
1						
2						
3						
—	—	—	—	—	—	—

4.2.驾驶处所

附表12 驾驶处所

序号	位置	测量值 L_M/dB(A)	背景噪声 L_B/dB(A)	修正值 L_C/dB(A)	该处所允许的最大噪声 L_L/dB(A)	结论
1						
2						
3						
—	—	—	—	—	—	—

4.3.起居及服务处所

附表 13 　起居及服务处所

序号	位置	测量值 L_M/dB(A)	背景噪声 L_B/dB(A)	修正值 L_C/dB(A)	该处所允许的最大噪声 L_L/dB(A)	结论
1						
2						
3						
—	—	—	—	—	—	—

4.4. 其他处所

附表 14 　其他处所

序号	位置	测量值 L_M/dB(A)	背景噪声 L_B/dB(A)	修正值 L_C/dB(A)	该处所允许的最大噪声 L_L/dB(A)	结论
1						
2						
3						
—	—	—	—	—	—	—

5. 高噪声设备运行时附加噪声测量数据（适用时）

附表 15 　高噪声设备运行时附加噪声测量数据（适用时）

序号	位置	测量值 L_M/dB(A)	背景噪声 L_B/dB(A)	修正值 L_C/dB(A)	该处所允许的最大噪声 L_L/dB(A)	结论
1						
2						
3						
—	—	—	—	—	—	—

6. 港口作业工况附加噪声测量（适用时）

附表 16 　港口作业工况附加噪声测量（适用时）

序号	位置	测量值 L_M/dB(A)	背景噪声 L_B/dB(A)	修正值 L_C/dB(A)	该处所允许的最大噪声 L_L/dB(A)	结论
1						
2						
3						
—	—	—	—	—	—	—

7. 主要噪声控制措施
8. 备注

参 考 文 献

[1] 李华志,李韶岗. 基于有限元分析法的船舶上层建筑振动性能研究[J]. 舰船科学技术,2019,14:1-3.

[2] 刘晓之. 超大型原油船结构振动问题研究[D]. 上海:上海交通大学,2015.

[3] 付佳,王铭,张伟. 超大型集装箱船的舱室噪声预报与测试[J]. 舰船科学技术,2019,41(6):62-65.

[4] 叶金钰,毕跃文,宁长青,等. 49 m远洋围网渔船的振动测试与减振分析[J]. 船海工程,2019,48(6):55-59.

[5] 王东涛. 9 000 hp拖船总振动的计算与试验研究[J]. 船舶,2008,19(3):15-20.

[6] 黄迎春. 船艇振动与噪声[M]. 哈尔滨:哈尔滨工程大学出版社,2015.

[7] 蒋伟康. 机械振动与噪声学[M]. 2版. 北京:科学出版社,2021.

[8] 中国船级社. 钢质海船入级规范[S]. 北京:人民交通出版社,2018.

[9] 中国船级社. 绿色生态船舶规范[S]. 北京:人民交通出版社,2020.

[10] 中国船级社. 船舶振动控制指南[S]. 北京:人民交通出版社,2012.

[11] 中国船级社. 船舶及产品噪声控制与检测指南[S]. 北京:人民交通出版社,2013.

[12] 中国船级社. 船舶噪声检测指南[S]. 北京:人民交通出版社,2013.

[13] 中国船级社. 船舶水下辐射噪声指南[S]. 北京:人民交通出版社,2018.

[14] 全国声学标准化技术委员会. 室内声学参量测量:GB/T 36075—2018[S]. 北京:中国标准出版社,2018.

[15] 全国声学计量技术委员会. 声级计:JJG 188—2017[S]. 北京:中国质检出版社,2017.

[16] 古龙,闵捷. 船舶振动噪声控制技术的现状与发展[J]. 舰船科学技术,2019,41(12):1-5.

[17] 周国强,甘少炜,雷伟,等. 应变测量在轴系扭转振动测试中的应用[J]. 船海工程,2014,43(2):165-168.

[18] 陈志勇. 船舶水下辐射噪声测量研究[D]. 厦门:国家海洋第三海洋研究所,2018.

[19] 宋冬. 船员噪声暴露等级计算实例分析与噪声防护[J]. 中国水运,2014,14(10):44-45.

[20] 孙倩,尹菲,尚晶. 基于压电式加速度传感器的船用振动测量仪设计[J]. 传感器与微系统,2013,32(5):71-72.

[21] 徐斌,陈谦,张爱东. 舰船振动问题检测方法研究[J]. 舰船科学技术,2020,41(2):64-68.

［22］ 冯晓辉. 船舶轴系扭振信号分析及应变测量系统开发［D］. 武汉:武汉理工大学,2018.

［23］ 付佳,徐智言,王铭. 船舶振动 ISO 20283 - 5 新标准研究［J］. 噪声与振动控制,2018,38(2):239 - 242.